学習としての託児

くにたち公民館保育室活動

くにたち公民館保育室問題連絡会 編

未來社

はじめに

この『学習としての託児』は、副題のとおりくにたち公民館保育室活動の実践から生まれた問題提起です。

公民館保育室の活動は、一九六五年に東京・国立市で誕生しました。以来、幼い子どもがいて学習に参加しにくい女たちのために便宜を図る「子ども一時預かり所」に止めず、子どもをあずける体験を通して学ぶ「学習としての託児」になるよう意図して公民館学習の一環として活動が積み重ねられてきました。それは、大人の女の学びに新しい道を切り拓くものでした。

ところが、二〇〇五年頃から公民館の保育室運営の姿勢が変質していると市民の間で問題視され始めました。その危機意識のなかから動きが起こり、事態に抗して結集したのが、私たち「くにたち公民館保育室問題連絡会」です。

この会、この運動には、くにたち公民館保育室活動の歴史の初期から現在に至るそれぞれの時期にかかわってきた人たち、さまざまな世代やさまざまなグループが集っています。

私たちは、公民館保育室活動の在り方、学習の在り方について市民として問うため、これまでの歩みを改めてたどりました。

その歩みをもとに編んだのが「学習としての託児」B5判二六八ページの冊子です。

さらにこのたび、より広く、より多くの方々にお届けできるよう単行本への運びとなりました。石田百合さん、未來社のおかげです。

今日、幼い子どもをもつ女たちがおかれている状況は、少子化対策の煽りを受けて気軽に便利に託児を利用してストレスを発散するよう奨励・誘導されるばかりで、根本の問題はそのままに、まるで子どもが障害物視され、ゆがみが増幅されています。

公民館保育室活動を、子どもを育て自分を育てる学びの在り方として提起してきた活動の理念・問題意識。その基盤に立って積み重ねられてきた実践からの証言を、こんな状況だからこそ広く伝えたい、伝え継ぎたいと思います。どうぞよろしくお願いします。

子どもにとっても女にとってもとりわけ大切な時期を、誰もがゆたかに過ごし、ゆたかに育つために。それを当然とする社会認識を生むために。

二〇一四年早春

くにたち公民館保育室問題連絡会

代表　野上美保子

手塚　倫子

学習としての託児

——くにたち公民館保育室活動

目次

学習としての託児

——くにたち公民館保育室活動

装幀　伊勢功治

I　くにたち公民館保育室活動のあゆみ

一　あゆみ

（一）あゆみ

一九六五年度　くにたち公民館保育室活動の誕生

五月　「若いミセスの教室」（後の女性問題講座「子どもを育て自分を育てる」）が開かれる（五～一〇月）

＊託児・保育を伴った公民館学習の初めての試み。開設にあたって「子どもの人権と婦人問題を学習の主軸に」と講師陣（丸岡秀子、山住正己、小川利夫）と確認して始められた。

＊小川利夫さんはこの活動を、「社会教育における婦人教育のあり方を根本的に問いなおし、婦人解放と婦人教育との結合の方向を積極的に模索し

五月　同時に公民館保育室活動誕生

一一月　〝ミセスの会〟発足

一一月　国立町に富士見台団地（公団住宅）二二五一戸建つ

ようとする動き」（『婦人解放と女子教育』一九七五年　勁草書房刊）と位置づけている。

＊「教室」のための託児・保育は、前年の「くにたち婦人教室」に参加した女性たちが、「子どもが小さくて大変だったときにこそ学びたかったし、仲間がほしかった。私たちはできなかったけれど、せめて若い人たちにチャンスをつくってあげたい」と無償で協力。

＊「教室」終了後、自主活動市民グループとして学習活動を続ける。

＊以後、毎期グループが生まれ、活動を続けてきた。

＊人口、核家族が急増する。

一九六四年三・九万人→六六年五・二万人。

二〇一四年現在七・五万人。

一九六六年度　〝テレビ事件〟

七月　〝テレビ事件〟

一〇月　託児の協力に対して、「教室」終了時に賃金が出された

一月　市制施行

＊「若いミセスの教室」二期の途中、NHKテレビから放映したいと申し入れがあり、諾否について意見を交わし合った。子どもの親たちの多くは賛成で、この斬新な「教室」を大勢の人に知ってもらって広めようという。それに対して、子どもをあずかっていた人たちは「もっと確かな制度に発展させる行動が先ではないか。何もしないでただ有り難がって美談としてテレビに出ようなどという意見には反対だ」と。親たちは、その批判を受けとめて学習活動を深め、公民館保育室設置運動へと発展させていく。

＊翌年からは「教室」等の主催事業のみならずグループ活動の託児・保育も公費で行われる。

＊北多摩郡国立町から国立市へ。

一九六七年度　公民館保育室の創設

六月　公民館保育室設置請願運動

六月　公民館保育室の設置、市議会で採択される

一二月　保育施設運営について館長等に要望書提出

一月　公民館保育室（専用室）創設

三月　公民館保育室完成記念講演会

（〝母と子の勉強会〟主催）

＊「若いミセスの教室」二期からのグループ、〝母と子の勉強会〟による（請願書106頁）。

＊ミセスの会、母と子の勉強会、三期会、新日本婦人の会による。

＊「子どもの保育と母親の生き方」（講師：一番ヶ瀬康子　社会福祉研究）

一九六八年度　市民の声で「若いミセスの教室」継続

六月　「若いミセスの教室」四期　開設要求運動

（〝ミセスの会〟〝母と子の勉強会〟〝三期会〟）

＊「若いミセスの教室」担当職員が第二子の療育のため急に退職し、公民館は「若いミセスの教室」を三期で終わろうとしていた。三グループの

☆大学紛争拡がる

行動が受けとめられ、途絶えることが防がれた。
（退職した職員は六九年から復帰）

一九六九年度　他の主催事業にも託児・保育

九月　市民大学講座「子どもの文化」（九月～一〇月）
一一月　市民大学講座「婦人と社会」（一一月～一二月）

＊保育を伴っての主催事業が「若いミセスの教室」の他にも行われはじめた。

一一月二〇日　おんなの歴史
もろさわようこ（女性史研究家）

一一月二七日　婦人と学習①
牧瀬菊枝（生活をつづる会会員）

一一月二九日　母親にとって子どもとは何か
なだいなだ（作家）

一二月四日　婦人と学習②
小川利夫（日本社会事業大学教授）

一二月一一日　婦人と職業
樋口恵子（評論家）

一二月一三日　婦人と市民運動

松下圭一（法政大学教授）

一九七〇年度　公民館保育室に大きな反響

六月　市民大学講座「家庭」（六月～七月）

六月一九日　家庭と社会

湯沢雍彦（お茶の水女子大学助教授）

六月二〇日　結婚

樋口恵子（評論家）

六月二六日　夫と妻・親と子

丸岡秀子（評論家）

七月三日　家庭の法律

鍛治千鶴子（弁護士）

七月八日　家事労働と賃労働

大羽綾子（雇用促進事業団調査室長）

七月一〇日　新しい家庭の創造

田中寿美子（評論家）

六月「望ましい保育園像を求めて」発行

＊〝母と子の勉強会〟の活動記録。専業主婦には

八月　「〝母親像〟からの解放」（金子阿佐子）

一〇月　市民大学講座
「子どもの能力と発達」（一〇月～一一月）

二月　〝若いミセスの交流会〟発足
↓〝井戸端会議くにたち〟に発展（七一～七五年）

二月　公民館保育室について職員がレポート（立川社会教育会館成人教育セミナー）

他人事だった保育園だが、「教室」の学習や子どもをあずけた体験から、保育園の教育的意味や女の自立的な生き方に注目してとり組んだ調査・学習等のまとめ（B5判一三六頁）。

＊月刊誌「世界」（岩波書店刊）が、八月一五日記念事業として「私の学校」というテーマで原稿を募集。「若いミセスの教室」の参加者が体験を書いて応募し、入選。「世界」八月号に。

＊「若いミセスの教室」一～六期から生まれ、活動を続けているグループが連携して。

＊立川社会教育会館で行われた職員研修・成人教育セミナーで国立市公民館の担当職員が実践を踏まえて、公民館保育室の意味・考え方、母と子がおかれている状況についての認識等をレポートした。全文が「母と子の自立への拠点に」として発行された。

その問題提起は大きな反響を呼んだ。国立市公民館で活動する女性たちからは「私たちの共著」

三月　「ろく」発行（〝六起会〟機関紙）

☆日本にもウーマンリブの波

ととらえられ、「私たちの共通の基盤」とされた。

＊一九七五年には、『子どもからの自立』（未來社刊）として出版された。

＊〝六起会〟は、「若いミセスの教室」六期から生まれたグループ

一九七一年度　「私にとっての婦人問題」

五月　市民大学講座「女の歴史」（五月〜六月）

五月二一日　母の歴史
—愛のすがたと家庭のかたち
もろさわようこ（女性史研究家）

五月二八日　女の生活史
—しきたりの中の女
瀬川清子（大妻女子大学教授）

六月二日　婦人運動のあゆみ
—人間らしさを求めて
樋口恵子（評論家）

七月　「ゐどばた」発行

一〇月　市民大学講座「女の戦後史」（一〇月〜一一月）

一二月　市民大学セミナー「私にとっての婦人問題」
（一二月〜三月）

六月一二日　アジア女性交流史
—女性史の新しい視点
山崎朋子（女性史研究家）

六月一九日　「女らしさ」の歴史
—女子教育一〇〇年
一番ヶ瀬康子（日本女子大学教授）

六月二五日　女が働くこと
—性と労働の歴史
もろさわようこ（女性史研究家）

＊〝井戸端会議くにたち〟の機関紙

一〇月二六日　戦争体験と女
一一月二日　〈家〉と女
一一月九日　教育と女
一一月一六日　労働と女
一一月三〇日　性と女
講師　もろさわようこ（女性史研究家）

＊このとき導き出されたテーマ（老い・性・労働・子ども）や共同学習の方法・共同で書く記録化のとりくみ等は、国立市公民館での以後の女性問題学習のあり方の基礎になった。

助言　もろさわようこ（女性史研究家）

一九七二年度　『主婦とおんな』出版

四月　〝井戸端会議くにたち〟に第九期公民館運営審議会（公運審）委員委嘱

五月　市民大学講座「女性解放の思想」（五月〜六月）

＊幼児をもつ女性委員初めて誕生。

五月二四日　初期フェミニズムの思想
—ウルストンクラフト、ミル、諭吉、歌子、晶子など

五月三一日　母性主義フェミニズムの思想
—ケイ、らいてう、わかなど

六月七日　女性解放と社会主義
—マルクス、ベーベル、コロンタイ、ボーヴォワール、菊栄など

六月一四日　女性解放と性
—アメリカのウーマン・リブの思想

六月二一日　現代日本の女性解放思想
講師　山崎朋子（女性史研究家）

一一月　〝みなづき会〟、自主講座「婦人と老後問題」開催

二月　〝井戸端会議くにたち〟、保育室設備の改善を要求して館長と話し合い

三月　『主婦とおんな』出版

＊「若いミセスの教室」五期からのグループ。第一七回市民文化祭で、林千代さん（社会福祉研究）を講師に迎えて。講座「女と老い」（七四～八七年）の講師としても。

＊未來社刊。市民大学セミナー「私にとっての婦人問題」の学習記録が単行本として出版された。刊行当時大きな反響があっただけでなく近年も『現代日本女性史』（二〇〇四年、有斐閣刊）、『新編 日本のフェミニズム』（二〇〇九年、岩波書店刊）等にとりあげられるなど改めて注目されている。また、『戦後思想の名著50』（二〇〇六年、平凡社刊）に選ばれた。

一九七三年度

「保育室運営会議」始まる

九月　講座「結婚の歴史」講師　村上信彦（女性史研究家）

九月二六日　古代の通い婚から婿取まで

一一月　講座「結婚の歴史」その二　講師　村上信彦

一二月　公民館主催で保育室運営についての話し合い→「保育室運営会議」（運営会議）に発展

一〇月四日　　婿取から嫁入まで
一〇月一一日　嫁入婚と女らしさの教育
一〇月一八日　現代の恋愛と結婚
一〇月二六日　自由討論
一一月二二日　女の生き方と性

＊月例の運営会議は、年々活発化し子どもを預けている人だけでなく、以前預けた人、預けたことがない人も参加した。当初は、公民館対利用者のやりとりが多かったが、市民同士の伝え合いも盛んになり、いっしょに考え互いに学び合う場になっていった。公民館（保育者・職員）と市民、グループを越えて、またグループ同士が信頼関係を結ぶうえでも欠かせない場として機能してきたが、現公民館は〇六年九月を最後に開いていない。

一九七四年度　国立市公民館保育室運営要綱 発効

五月　講座「女と老い」（五月〜七月）始まる

＊毎年行われ、一九八七年第一四期まで続けられ

二月　国立市公民館保育室運営要綱 発効

た。

＊公民館主催事業から生まれたグループだけでなく種々の市民グループが保育を希望するようになりルールの成文化の必要が生じた。保育室運営会議で論議を重ね「最低これだけは」と確認できたことをもって案をつくった。

・「子ども一時預り所」に堕すことなく「保育」の場として。

・市民団体と主催事業の区別無く公費で保育を行う。

・保育の対象は零歳から学齢前までの乳幼児。

・保育室は、火～金曜日（祝日は除く）午前一〇時～一二時ならびに午後二時～四時および土曜日の午前一〇時～一二時までの間開設し、二時間を限度とする。

・保育は週一回継続的に。単発的には行わない。

・保育者は乳幼児三人に対して一人の割合で配置する。

・保育室のよりよい運営について研究協議するために保育室運営会議を置く。

一九七五年度　公民館保育室活動一〇年・「保育室だより」創刊

四月　『子どもからの自立』（未來社刊）出版

一〇月　「一貫しておんなの問題を追求——となり町から見たくにたち公民館」

国分寺市本多公民館長　高橋雪子

一〇月　「保育室だより」（月刊）創刊

一〇月　保育室のつどい75——一〇周年

（保育室運営要綱150頁）

＊職員のレポート「母と子の自立への拠点に」（一九七〇年）が単行本になる。同年秋、第二九回毎日出版文化賞を受賞。二〇〇一年、新たな編集で岩波現代文庫に。

「くにたち公民館だより」（一九七五年一〇月）

＊市民の文章、保育室からのメッセージ等が載る。読むこと・書くことが運営会議と連動して、公民館活動・学習活動としての保育室活動に大きな役割を果たし続けた。一年毎に一冊にまとめた総集号「私たちの公民館保育室」も発行されてきたが、二〇〇五年度三〇号が最後となった。

＊これまでに子どもを預けた人、預かった人、そ

一一月　「老いの問題は婦人問題の集約である」（一番ヶ瀬康子　講演要旨）

三月　〝保育室を考える会〟発足

☆国際婦人年

の他関連の人たちが市の内外からつどった。保育室活動一〇年のつながりを表す顔ぶれが一堂に会した。「若いミセスの教室」創設に尽力された初期の講師の一人丸岡秀子さんも出席。

＊講座「女と老い」II期より「くにたち公民館だより」（一九七五年一一月）に掲載。

＊公民館改築に向けて市民の立場でつどい学習会や他市の見学、意見交換など、意欲的にとりくむ。その中で行われた職員のレポートは『女の現在』（未來社刊）として出版された。（一九七六年九月）

一九七六年度　公民館改築委員会発足

五月　新年度の保育にあたってのレポート（〜二〇〇二）

＊社会教育機関である公民館としてどのような保育をしていくか、年度初めの運営会議で市民に提示。以後、毎年行われる。

六月　公民館改築委員会発足
六月　「保育室をだいじにしたい」（〝保育室を考える会〟）
九月　講座「女の生き方と性を考える」（九〜一〇月）始まる
☆国連婦人の一〇年（〜一九八五）始まる

＊〝保育室を考える会〟からも委員選出。
＊「くにたち公民館だより」（一九七六年九月）に。
＊一九八七年第一二期まで毎年行われた。

一九七七年度　保育室のつどい77――公民館改築にあたって

五月　主軸の主催事業「若いミセスの教室」の講師に藤村美津さんが単独で担当（〜二〇〇〇）
五月　「保育室だより」を読む会（月例）
一二月　「親も子も育てた保育室」朝日新聞（一二月四日）に
一二月　保育室のつどい77――改築にあたって
レポート「私たちの公民館保育室が確かなあゆみを続けるために」（国立市公民館保育室運営会議）

＊〝保育室を考える会〟の呼びかけで。
＊「国立市公民館の託児を考える」として。
＊保育室のつどい77の実行委員会から、保育室の歩みをふり返り、これまで運営会議を軸に市民と公民館とで確かめ合って来た保育室のあり方について意味づけ再確認するレポートが行われた。
おとなの便宜のための条件整備に止めず〝母も

一月　仮公民館での活動始まる

二月　第一六回東京都公民館大会（都公連）保育室分科会で
レポート「私たちの公民館保育室が確かなあゆみを続けるために」（国立市公民館保育室運営会議）

三月　保育室だより総集号「私たちの公民館保育室」創刊

子も育つ〟公民館活動の一環としての保育室の意義・運営のあり方等について市民として明確に言葉化したレポートは、深い感動と強い共感をもって受けとめられた。以後の活動を方向づけ、拠りどころとなっていった。

　このレポートは「私たちの公民館保育室」として『子どもをあずける』（一九七九年五月）に収録されている。

＊公民館の改築工事中、旧市役所の建物が仮公民館になったが、その中にも保育室が設置され、活動を続けることができた。

＊保育室のつどい77でのレポートをもとに。

＊都公連保育室分科会は、常に参加希望が多く九五年度の最後まで大会最大の分科会だった。

＊創刊号（一九七五年一〇月〜一九七七年三月）以後二〇〇五年度まで毎年発行。

一九七八年度　『子どもをあずける』編集会議

五月　講座「主婦が働くとき」（五月～七月）始まる

五月　〝くにたち公民館保育室の会〟発足

九月　『子どもをあずける』編集会議（～一二月）

＊一九八七年第一〇期まで毎年行われた。

＊〝保育室を考える会〟を発展的に継承した市民グループ。個々のグループを越えたつながり。

＊「保育室だより」の実践を本にと、未來社から出版の勧めを受け、運営会議の活動の一環として編集を行う。

　保育室のつどい77でのレポートを深めることを主軸に各グループがレポートを交わし合い、保育室の理念や運営の骨格、公民館の働き・市民の役割の大切さがいっそう明確化した。また、原稿つくりには一つの文章をみんなで仕上げる「共同で書く」方法が駆使された。翌年刊行。

一九七九年度　新装公民館開館　『子どもをあずける』出版

四月　新装公民館開館
新保育室での活動始まる

＊新公民館一階南側に保育室が設置された。

「とてもありがたいと思うと同時に、私たちには大きな課題ができました。年に延べ四〇〇〇人ほどの子どもとその母親たちという、全体から見たらほんの限られた人にしか使われない保育室。しかも朝九時から夜一〇時まで開かれている公民館の中で午前午後それぞれ二時間ずつしか使われない部屋が、一階の陽当たりの良い場所に専用室として占められることになった責任と言いましょうか、保育室の存在そのものが再び問われてきます。公民館になぜ保育室があるのか。言ってみれば子どもを育てるために家にいる主婦が、いま子どもをあずけて何を学ぶのか。そして一部の人たちの特権に終わらせないためには、互いにどのようにかかわり、どう地域に還元していったらよいのか——。私たちは、公民館保育室の原点に引きもど

五月　〝保育室のまど〟始まる（〜二〇〇二）

五月　『子どもをあずける』出版（未來社刊）

五月　保育室のつどい79

六月　『子どもをあずける』を読む会始まる（〜一九八三）

八月　書評『子どもをあずける』（北田耕也）

一一月　エイボン教育賞

二月　第一八回都公連保育室分科会で
レポート「学習としての託児」（国立市公民館保育室
運営会議）

されました。」（『子どもをあずける』二六八頁より）

＊保育室から、子どもたちの姿・保育のようすを伝える欄に付された名称。月々の「保育室だより」に掲載。「学習としての託児」に生かされた（二〇〇三年以降は出されていない）。

＊国立市公民館保育室運営会議編。

＊『子どもをあずける』刊行を記念して。

＊運営会議の活動の一環として月一回、日曜日に。

家庭・家事優先が当然視される主婦が夫や子どもの休日に自分の用で家を空ける日程が意識的、課題的に選ばれた。

＊北田さんは、社会教育研究者。「学び方の問題提起集として読んだ」と。「くにたち公民館だより」（一九七九年八月）に。

＊担当職員が受賞。「公民館保育室の活動をおとなの女の学習として位置づけ、婦人教育の実践と向上に努めた」として。

＊子どもをあずける営みをおとなの学習に生かしてきた活動の体験をもとに、参加のための条件整備に止めない公民館活動としての保育室活動のあ

☆国連、女子差別撤廃条約の採択

一九八〇年度　「集中学習会」始まる

五月　「近代日本婦人問題年表」に「1965・5　国立市公民館、主婦の学習参加を保障する目的で託児を始める」と記される。

一月　「集中学習会」始まる（〜二〇〇五）

一月　『育児力――子どもの成長・おとなの成長』出版

り方についての実践レポート。

＊『日本婦人問題資料集成10』（ドメス出版刊）

＊保育室以外での単発的な託児の体験を省みる発言が運営会議で交わされ問題をよくとらえるためにもっと学びたいという声の高まりから生まれた。やがて、毎年年度末に行う総括的な学習会に発展。

＊筑摩書房刊。「若いミセスの教室」（後の「女性問題講座子どもを育て自分を育てる」）の講師藤村美津さん（幼児教育）と担当職員との、実践を踏まえた対話からなる。後に「ちくま文庫」（一九九〇年三月）に。

一九八一年度　託児を行う公民館増加

七月『日本婦人問題資料集成9』「思潮」下

☆三多摩各市で、託児を行う公民館が年々増加

＊第七部「生活凝視の壁とその表現」に『子どもからの自立』（抜粋）が位置づけられる。

＊一九六五年一館→一九七〇年二館→一九七五年二三館→一九八〇年三一館→一九八三年四〇館（全六五館中）

＊単発託児等、大人の便利さのみを考えて行う託児が広がる。

一九八二年度　「保育室運営委員会」誕生

六月「保育室運営委員会」（運営委員会）誕生（～二〇〇五）

＊年度初めの運営会議で行われる保育室からのレポートを、親として市民としてもっとしっかり受けとめたいとグループを越えた動きが起き、その発展で市民の運営委員会が組織された。グループ

をつなぎ「保育室だより」の編集・制作作業、また各グループの活動曜日を調整し合う時間割づくりのとりくみや子どもの伝染病の二次感染を防ぐとりくみ等市民の自治的活動の主軸に。

一九八四年度　「保育室だより」の実践一〇年を機に

五月　「保育室だより」の実践一〇年を機に

六月　「時間割づくりをいいものに」（〝グループＴＡＬＫ〟）

＊これまでの「保育室だより」を読み返し、公民館保育室活動の記録として特に残したい文章を推薦し合って、一冊に編むとりくみを始める。

＊時間割づくりとは各グループの活動曜日を調整し合うとりくみ。どのグループも安定した活動ができるよう配慮し次年度の保育室の時間割づくりを市民が主体となって行う。

＊主催事業から生まれたばかりのグループが初めての時間割つくりを体験し学んだ記録。このあと時間割づくりは意識的に学習の一つとして取り組まれるようになった。

「保育室だより」（一九八四年六月）に。

一九八五年度　公民館保育室活動二〇年「女性問題講座」と位置づける

四月　下記講座を「女性問題講座」と名付け、主旨を明確にする

一一月　『子どもを育て自分を育てる――国立市公民館「保育室だより」の実践』国立市公民館保育室運営会議編（未來社刊）

＊「子どもを育て自分を育てる」（〜二〇〇六）
「女と老い」（〜一九八七）
「女の生き方と性を考える」（〜一九八七）
「主婦が働くとき」（〜一九八七）
「私たちの女性問題学習」（一九八七〜一九九三）
「歴史」（一九八八〜一九九八）
「女と人権」（一九九四〜二〇〇五）
「女から女たちへ」（一九九六〜二〇〇五）

＊公民館保育室活動二〇年、「保育室だより」一〇年を機に、近五年の「保育室だより」に載った主な文等を収録、〝学習としての託児〟の実践のさまが表わされている。

一二月　保育室のつどい85
　『子どもを育て自分を育てる』刊行を記念して

一二月　「保育室活動二〇年目の位置に立って」（原奈保子）

一月　第二四回都公連保育室分科会で
　レポート「保育室のことをどのように話せば学習になるか」（田村美佐子）

二月　『子どもを育て自分を育てる』を読む会、始まる
　☆「国立市婦人問題行動計画」案策定

＊講演「おとなの女の学び方」一番ヶ瀬康子さん、藤村美津さん

＊「くにたち公民館だより」（一九八五年一二月）に。

＊日曜学習会。運営会議の一環として、月一回。

一九八七年度　女性問題講座「私たちの女性問題学習」始まる

七月　伝染病の二次感染を防ぐとりくみ（～二〇〇五）

＊保健所等の情報に基づいた潜伏期間の間、互いに接触を避け、伝染病の二次感染を防ぐとりくみ。子どもをあずける全グループが共同して行う。
　たんなる伝染病対策とするのではなく、公民館保育室の活動のあり方を問う視点に立ち、この問題を通して「社会人として」の力量を確かなもの

一一月　女性問題講座「私たちの女性問題学習」始まる

三月　「循環――私の女性問題学習のあゆみから」笠原洋子
（B５判六二頁）

にしていくことをめざす学習にしていこうと確認された。

＊日曜学習会から発展。一九九三年まで行われた。

＊女性問題講座「私たちの女性問題学習」での参加者のレポートの記録、実行委員会編

一九八八年度　女性問題講座「歴史」始まる

五月　女性問題講座「歴史」始まる（〜一九九八）

八月　「自分を変える・関係を変える」
須田　春枝／水野　美知子／星　ミツエ
箕輪　育子／村上　早代子／笠原　洋子

＊昼の部（五〜七月）
夜の部（一〇〜一二月）

＊女性問題講座「私たちの女性問題学習」でのレポートの記録二、実行委員会編

一九八九年度　「婦人教育」を「女性問題学習」に

「婦人教育」を「女性問題学習」に

＊国立市の予算書で、「婦人教育」の語が「婦人問題学習」と改められた。さらに一九九〇年度からは「女性問題学習」に。九二年には国立市公民館処務規則の「婦人教育」が「女性問題学習」に改められた。

一九九〇年度　「公民館保育室の原則を問う」レポート

一二月　第二九回都公連保育室分科会でレポート「公民館保育室の原則を問う」（朝比奈泰子・森あけみ）

＊森レポート要旨は、「保育室だより」に。（一九九一年一・二月合併号）
「くにたち公民館だより」（一九九一年三月）にも。

一九九一年度　藤村美津さん「木田賞」受賞

九月　藤村美津さんの木田賞受賞記念講演会

☆少子化対策として出産奨励の法整備進められる

＊「若いミセスの教室」（後の「女性問題講座子どもを育て自分を育てる」）等の講師藤村さんは、一九七六年以来二五年余公民館保育室活動のあり方に示唆を与え、尽力された。

　その活動が主な受賞対象。市民の信望も厚く、市民による「藤村さんの受賞を喜ぶ会」を実行委員会が主催した。

＊女が出産育児をいやがらないよう息抜きのための託児を奨励する社会風潮も。

一九九二年度　「何のために公民館保育室はあるのか」レポート

一二月　叢書生涯学習Ⅳ『社会教育実践の現在2』

＊「公民館保育室を拠点とする自己教育・共同学習の展開の中には、そうした新しいコミュニケー

一月　第三一回都公連保育室分科会で
レポート「何のために公民館保育室はあるのか」（大滝みどり・藤崎久美子）

ションの質に関わる、他に例を見ない展開が生み出されてきた。（中略）重層的な実践―省察のプロセスそのものを記録によって客観化し、さらにその記録を吟味し直すサイクルを作りあげることを通して、その学習の中にも否応なく存在する固定的な既存のコミュニケーションの型、学習観への固着を、自立への共同の動きの中にある力・実感に支えられて、省察的にとらえ返していく学習過程を生み出していく。」（柳沢昌一、雄松堂出版刊、二八三頁）

＊レポートの全記録は「保育室だより」（一九九三年二月）に。

さらに要旨を「子ども一時預り所に堕ちてはならない」として「くにたち公民館だより」（一九九三年三月）にも掲載された。

サービスや人集めの手段としての単発的託児を是認推奨する時流が押し寄せる状況下での確認・問題提起。

一九九三年度

「問題提起：公民館活動としての女性問題学習のあり方について」発行

八月　公運審で、保育室についての学習会

九月　「市民になる学習」

一〇月　「実践記録集：国立市公民館における女性問題学習」

＊一九九一年に続き、担当職員が単発託児を行う問題性についてレポート。

「……手荷物を預かるのではなく子どもを預かるのですから、その責任は重大です。まして公的教育機関の活動としてそれを行うのですから、十分な配慮をもって運営されなくてはなりません。おとなの都合だけを先行させた便宜的な『子ども一時預かり所』に堕ちてはならないということが発足当初から基本とされ、保育室活動が公民館活動の一環として真に社会教育的意味を持つものであるにはどうあったらよいかが追求され続けてきました。……」

レポートは市民の要望により別冊「保育室だより」（一九九三年八月）として発行された。

＊「私たちの女性問題学習」第五期の記録。

＊女性問題講座「私たちの女性問題学習」のとり

　　発行

一一月「問題提起：公民館活動としての女性問題学習のあり方について」（『私たちの女性問題学習』実行委員会編）

一一月『女性問題学習の視点』出版（伊藤雅子著、未來社刊）

一九九四年度　〝公民館保育室連絡会〞発足

四月　女性問題講座「女と人権」始まる（〜二〇〇五）

五月「保育室運営のあり方について」館長に提言

六月「カルチャー・ショック」（朴竹子）

八月　〝公民館保育室連絡会〞発足

くみの中で編まれた。続けて発行した「問題提起：公民館活動としての女性問題学習のあり方について」の論拠とする実践記録として。

＊市民による女性問題学習論の提起。特にその「序」は市民の女性問題学習の基本的姿勢を端的に示している。

＊担当職員による。女性問題講座「私たちの女性問題学習」に臨むにあたってのノートから。

＊一九九三年度運営会議での協議のもとに。

＊筆者は、大阪・岸和田市立公民館職員。三月にくにたち公民館保育室を訪ねたときの感想。「保育室だより」（一九九四年六月）

＊例年参加者が一〇〇人を越す都公連保育室分科会だったが、企画委員会が保育室分科会を失くす

方針を出したことに対して自発的に行われた。国分寺・狛江・福生・国立の保育者、市民らが共同代表に。

一九九五年度　公民館保育室活動三〇年　「保育室だより」二〇年

六月　〝公民館保育室連絡会〟主催の学習会（〜二〇〇三）

九月　三〇周年学習会（九月〜一月）

一月　第三四回都公連保育室分科会で
レポート「なぜ、何のために公民館で保育を行うのか」（武田てるよ）

＊レポート「市民としての成長のために（武田てるよ）」の要旨は、「くにたち公民館だより」（一九九五年一〇月）に。

＊運営会議の一環として。
今の活動を鍛えるため、七〇・八〇年代から活動を続けている人たちにレポートしてもらって歴史に学ぶ。行われた五つのレポートの一つ「市民であること」（野上美保子・笠原洋子）の記録は、「保育室だより」（一九九六年三月）に。

＊保育室分科会は、これが最後となった。

＊「保育室だより」（一九九六年三月）に全文掲載。

一九九六年度　国立市公民館保育室活動三〇周年宣言

五月　女性問題講座「女から女たちへ」始まる（〜二〇〇五）
五月　国立市公民館保育室活動三〇周年宣言
五月　館長への提言
「運営の基本姿勢堅持を」
七月　〝保育室のまど〟「休むこと」

＊三〇周年学習会の集約として。
＊一九九五年度運営会議での協議のもとに。
＊五月から始まった講座の参加者の子どもたちに病気欠席が多い。そのグループの保育室での様子を描写して「休みは社会的成長・集団的成長の大きな障害。……病気が不可抗力の問題になっていないか。保育室へ通うことをきっかけに健康な生活をつくる必要性を見出して」と。
＊「休むこと」に触発されて、各グループで話し合われ、気づいたこと考えたこと等が次々に「保育室だより」に寄せられ、意識や暮らしを見直す実践に生かされた。
・「休むこと」を受けとめて　（一九九六年九月）

一一月　要望書（保育者の雇用について）

一二月　「公民館保育室の安定した保育体制堅持を求める要望書」提出

・「休むこと」を考える（一九九六年一〇月）
・だから、みんなで（一九九六年一一月）
・女の実直さを利用されてたまるか（一九九六年一二月）
・この視点で（一九九七年一月）
＊一九九六年度運営委員会から館長へ
＊五三の市民グループが教育委員会へ。

一九九七年度　「〝光民館〟への道しるべ」

六月　「〝光民館〟への道しるべ――くにたち公民館保育室の実践の歴史に学ぶ」（小川利夫・社会教育研究）

一二月　第二一期公運審（委員長：円谷恭子）答申

＊「保育室だより」（一九九七年六月）に。筆者は、「若いミセスの教室」創設に尽力された初期の講師の一人。「公民館保育室の歩みは伝統的な婦人教育や保育観の見直しの歴史でもあった」と。この文は「くにたち公民館だより」（九七年八月）にも。
＊「国立市公民館の学習のあり方について」の館

一九九八年度

「なぜ、女性史を学ぶか——国立市公民館女性問題講座『歴史』10年」発行

八月　「なぜ、女性史を学ぶか——国立市公民館女性問題講座『歴史』10年」発行

長諮問を受け、「市民の公民館学習論として」答申。「学ぶ者が自らのものとして学習論をもつことによって、その学習がより主体的になり、真に学習主体たり得ると、私たちは考えます」（序）とある。

＊保育室活動については「公民館活動に参加するおとなのための〝子ども一時預かり所〟という条件整備に止めず学習活動として実践し、問題提起的に最も先進的にとりくんできた公民館活動の一環です」（二　国立市公民館の学習活動の特長）と明記されている。

＊一九九七年度に、一〇年間全二〇〇余回に及ぶ「歴史」の学習をふり返り、女性問題学習としての歴史学習のあり方について考える講座が行われた。その時の市民のレポート等を軸に編集。市民

の女性史学習論が展開されている。
翌九九年『女性史を拓く5　なぜ、女性史を学ぶか』（未來社刊）として出版された。

一九九九年度　保育室担当職員交代

四月　保育室担当職員交代

前任者の定年退職による

二〇〇〇年度　保育室のつどい２０００開催

九月　講座「こころを育てる」（九月〜一一月）始まる

九月　「母か子か」ではなく「母も子も」（手塚倫子）

九月　「公民館保育室」発行（国立市公民館保育室運営委員会編）

＊二〇〇四年まで行われた。

＊「くにたち公民館だより」（二〇〇〇年九月）に。副題「公民館保育室三五年のあゆみ」

＊公民館保育室活動三五年目の節目に、入手が困難となった『子どもをあずける』を生かして新しく編集。

九月　保育室のつどい２０００——三五年記念

三月『撰集 保育室のまど』（井上節子・赤塚頌子編集・発行）

＊「現在の保育室運営の骨格と、基点の時の確認内容を照らし合わせる編集に」（はじめに）

＊子どもの頃、保育室に通っていた人たちも参加した。中には自ら通った保育室に我が子を通わせている人も。市内だけでなく、市外・他県からの参加の他、手紙がたくさん寄せられた。オランダや韓国からも。

＊元保育者による。在職期間は　井上（一九六五～九七）、赤塚（一九七七～二〇〇〇）

二〇〇一年度　新版『子どもからの自立』刊行

五月　新版『子どもからの自立』が岩波現代文庫に

＊解説　鹿野政直

……「若いミセスの教室」は、小さな実践にみえて、通念への大きな爆砕力を秘めていた。それは、主婦や母が学習するのは贅沢という視線への挑戦であった。子どもを預けることが、母親意識への埋没に気づき、わが子の異なる姿を見いだすに至る点で、学習活動の一環という意味をもった。保育室は、たんに母親の学習の条件整備でなく、子どもにとっても、母子密着をはなれて成長の機会をもたらす機関と位置づけられた。……

二〇〇四年度　「週刊朝日百科118　日本の歴史」に

五月　『主婦とおんな』が『現代日本女性史』にとりあげられる。

八月　第四五回関東甲信越静公民館研究大会保育室分科会でレポート「子どもを育て自分を育てる」（手塚倫子）

九月　「母であること・主婦であること――国立市公民館保育室活動のあゆみを通して」（伊藤雅子）

＊鹿野政直著、有斐閣刊。

＊「保育室だより」（二〇〇四年九月）に。「くにたち公民館だより」（二〇〇四年一〇月）にも。

＊「週刊朝日百科118　日本の歴史」（朝日新聞社）に、くにたち公民館保育室の活動・女性問題学習が位置づけられた。

二〇〇五年度　保育室活動四〇年

一月　四〇周年集中学習会（〜三月）

一月　二〇〇三年度からの講師村田晶子さん（早稲田大学文学部教授　社会教育学専攻）「次年度からは講師をしない」と

二月　『主婦とおんな』が『戦後思想の名著50』の一冊に位置づけられる。

三月　職員が「保育室だより」二〇〇六年二・三月号を出さないという。運営委員会は「納得できない」と急遽編集

＊担当職員の姿勢・働き方に対する疑問・批判が、集中学習会を機に噴出する。

＊村田さんは、女性問題講座「子どもを育て自分を育てる」のみならず運営会議の助言等、公民館保育室活動の趣旨に共感して数年来尽力してこられたが、「近年のような職員の姿勢には協力できない」と職員に告げた。

＊岩崎稔・上野千鶴子・成田龍一編（平凡社刊）。二〇〇九年には『新編日本のフェミニズム８』（岩波書店刊）にも収められた。

＊運営会議の前に発行できるように作った版を運営委員がもっていくと、職員は「中身も見ずにそそくさと印刷を始めた。……その姿からは、どんな中身でもよい、〝保育室だより〟という体裁だけ保てばよい、そんなふうにさえ受けとれました」（「２００６年春——くにたち公民館保育室活

二〇〇六年度　運営委員会休止へ「保育室だより」発行されず

四月　総集号「私たちの公民館保育室30」〃あとがき〃不掲載

四月　運営委員会休止へ

動のけじめ」二〇〇五年度保育室運営委員会）

＊例年通り運営委員長が書いたが、〃公民館を批判する内容〃であることを理由に、不掲載に。筆者は冊子ができてきてから初めて不掲載を知った。

＊「運営委員会は、公民館保育室活動を市民の位置から市民にとって学習になるような活動にしていくための組織です。しかし、それは、公民館が託児を学習にすることを根幹におき運営にあたる、その姿勢を市民として支持することがあって初めて成り立つものです。今、このような公民館の実態を見せられて保育室運営委員会がともすれば公民館の肩代わりをし、取り繕いをするような組織になってしまう……その状況の中で、私たちにできることは、子どもをあずけることを学習活動にしようとしない変質した公民館に加担しないこと

四月　山本秀子さん「今後、保育室だよりの版つくりをし
　　　ない」と

四月　「保育室だより」四月号なし
　　　六月以降発行されず

六月　二〇〇五年度運営委員会、機関誌「記録」を発刊
　　　（〜三四号）

七月　保育者、「今月で、全員辞める」と

八月　館長、「九月から保育室休止」と公運審に

だけです。

　保育室運営委員会を休止するとした私たちの判断は、市民としてどうあるべきかを見据えてのものでした」（「２００６年春――くにたち公民館保育室活動のけじめ」）

＊山本さんは、一九八五年以来二一年余〝「保育室だより」に命を吹き込む版つくり〟と称されて活動に位置づいてきた手書きの版を製作し続けたが、近年の公民館の姿勢に辞意をかため職員に告げた。（「２００６年春――くにたち公民館保育室活動のけじめ」）

＊市民への説明なし。

＊一〇号（二〇〇七年二月）より公民館保育室問題連絡会発行。

＊保育者代表が、突然「公民館の姿勢を容認できないから」と、七月の運営会議で。

＊理由は、「市民との協力関係の問題によりまた、保育者全員が七月末で退職したため保育を続けることは困難と判断」。

九月　館長、保育室運営会議で「保育室を休止した」と

九月　二〇〇五年度運営委員会、「公民館保育室活動40周年集中学習会レポート」（B5判九八頁）発行

九月　二〇〇五年度運営委員会、「2006年春——くにた

＊保育室運営会議を飛び越えての報告。

＊館長「従来の保育室活動ではなくなるから運営会議も九月をもって休止する」。

＊以後、保育室運営会議は開かれていない。

＊国立市公民館保育室運営要綱第九条

「保育室のよりよい運営について研究協議するため運営会議をおく。

2　前項の運営会議は、任意に参加する市民と公民館職員で構成し館長が毎月一回招集して会議を主宰する。」

＊市民による編集発行。

＊「私たちは、公民館保育室活動四〇周年の節目を結ぶ『集中学習会』、そこから始まる市民の学びを、当の公民館によって、虚しいものにされたくないと思いました。そこで、まず、『集中学習会』が、この時点で、どのような問題意識で行われ、どのような問題提起がされたかを記録する必要があると考え、私たち市民の手で編集・発行することにしました。」（「まえがき」より）

＊二〇〇六年一月～七月の経緯

ち公民館保育室活動のけじめ」（B5判七六頁）発行

一〇月　二〇〇五年度運営委員会、公民館保育室問題について報告会をひらく

一一月　元公運審委員ら一〇人から館長へ抗議文「公民館保育室運営の異常事態を憂慮し、公民館の責任を問う」提出

＊「私たち２００５年度運営委員会は、近年の国立市公民館の姿勢に疑問を抱き、運営委員会を休止する決断をしました。看板だけで、実際には託児を学習にしない公民館を支持しない、〝協力〟という名の加担はしない――という、私たちの意思であり、市民としてのけじめです。40周年の現在に立ち会う者として、この間の事実を記し、事実を見つめて、歴史の節目を結ぶことが、私たちの責任なのだと感じています。この間の事実に直に向き合ってきた位置で受け止めた事実をありのまま記しました。」（「まえがき」より）

＊四〇周年「集中学習会」に関わって見えた公民館の実態、保育室運営の姿勢、この間の運営会議での事実等を、これまで公民館保育室にかかわってきた人たちに報告する。一〇月、一一月の二回にわたって。

＊二〇〇五年度運営委員会の報告を受けて

＊「公民館が〝人権・民主の学び舎〟であることは、今の時代状況にあってますます切実にその必要性を増しています。公民館活動の価値を重んじ

一二月　三六グループから館長へ抗議文「公民館保育室運営を本来のあり方に！」

一二月　公民館保育室問題連絡会（公保連）結成

る市民として、私たちは、くにたち公民館がその責任を自覚し、誠意をもって真剣に市民の信頼回復に努めることを切望します。」（抗議文より）

＊「多くの女性が、公民館保育室活動を基盤に学び、結び合ってきました。公民館の学習があり、保育室活動があったからこそ、暮らしの場に得難い仲間を得ることができました。その体験が自分の生き方の核になっていると実感している人がたくさんいます。それほどにも大きな意味を持つ保育室活動なのです。そして、それは〝子ども一時預かり所に堕してはならない〟とし、託児を学習活動として実践してきた、くにたち公民館活動の理念と運営の姿勢を欠いてはあり得なかったことです。

　くにたち公民館保育室活動の理念と運営の姿勢を現公民館が歪めることは、市民として決して許せません。公民館は、四〇年の歴史が培ってきた《市民の宝》をないがしろにしてはいけません。」（抗議文より）

＊国立市公民館の保育室運営に対する姿勢の変質

一二月　『女性問題学習の研究』村田晶子著（未來社刊）

一月　保育室のつどい２００７

一月　保育室のつどい２００７声明「くにたち公民館保育室の灯を絶やすな！」

に直面し、公民館保育室に関わった市民を中心に結成。

＊第一部第四章女性問題の展開——国立市公民館における女性問題学習・公民館保育室活動を通して

第一節　国立市公民館における女性問題学習の日本近代思想史における位置

第二節　女性問題学習とはどのような学習か

第三節　学習内容と方法の関連

一　公民館保育室活動の展開——「学習としての託児」

二　国立市公民館の女性問題学習における記録

＊公保連と二〇〇五年度運営委員会の共催による

＊これまでの事実・経緯の報告。公民館保育室問題連絡会を結成し、今後も公民館の動向を見つめ、行動していくことを確認する。

＊「育児期の女たちにとって確かな学びの機会がますます重要な現在的状況だからこそ、今、公民館保育室の運営のあり方はいっそう重んじられるべきです。女の人間的成長への道をゆがめさせた

一月　保育室のつどい参加者一同、館長へ要請文

一月　公保連、公運審傍聴活動を始める（〜二〇一三）

三月　館長、保育室について「公運審で意見を聞きながら一定の方向を導き出したい」と。

り閉ざさせてはなりません。

くにたち公民館保育室の灯を絶やしてはなりません。

保育室運営に露呈している公民館の現状は、一つ保育室運営のみにとどまる問題でなく、公民館活動のありよう全体にわたる根本的な問題として、大きな危惧を抱かせられます。国立市公民館は、今、重大な岐路に立っている——と、思わずにいられません。」（声明文より110頁）

＊「本来の保育室運営実現のため、態勢の確保を！」

＊くにたち公民館保育室活動に対する公民館の姿勢を見極めるために毎月傍聴を続ける。

＊公運審での発言。以後、保育室について公運審委員の意見が求められたのは六月まで。

二〇〇七年度　それはもはや「くにたち公民館保育室」ではない

四月　「くにたち公民館だより」から「保育室」の紹介がなくなる

五月　「女性問題講座」がなくなる

五月　館長、処務規則改定案を教育委員会に諮るとして、公運審に報告

＊これまでは毎年四月に公民館だよりに掲載されていた。

＊毎年五月に公民館だよりに掲載される「今年度の主な公民館事業（予定）」から名実ともに「女性問題講座」はなくなった。以後、女性問題講座は行われていない。

＊処務規則には実施すべき事業として「青年教育、女性問題学習、成人教育」や「サークル活動、グループ活動等の育成、指導に関すること」など、具体的に記載されていたが、それらを一括して「社会教育に関する事業を実施すること」とする改変案。

五月は報告事項として示され、六月には協議事項として出された。「具体的に一つ一つあげてあることに意味がある。このように変えることで、事業の内容に偏りが生じるのではないか」という

七月　処務規則改変阻止のための要望行動起きる

七月　館長、公運審で〝公民館の考え〟を示す

九月　公民館、保育室を〝再開〟する

批判的意見があったがとりあげられなかった。

＊公保連から館長へ意見書、元公運審委員有志の会から教育委員会へ要望書提出。

　その後の公運審で全く報告がないため、公保連が翌二〇〇八年八月一二日、教育委員会に確かめたところ「改定していない、議題にも上がっていない」とのこと。

＊「当初は、従前と同じ考えで実施すると話したが、市民、保護者、保育者、公民館という緊密な関係で維持してきた活動が、職員の力量ということもあるが、維持できなくなった。託児を学習とすることを目的とする保育室活動は困難と考える。公運審の意見を参考にし運営要綱第一条の目的（公民館活動に参加する市民の中で乳幼児を預ける必要がある場合保育する）に沿って再開したい」と。（二〇〇七年七月公運審定例会会議録より）

＊公民館からの説明、公運審の報告が「くにたち公民館だより」（二〇〇七年九月）に。

＊「国立市公民館保育室運営要綱」第一条は、

九月　公保連、抗議声明〈それは、もはや「くにたち公民館保育室」ではない――「学習としての託児」を否定しての〝再開〟〉を公民館長へ提出

「公民館施設（集会・会議室）を使用する市民団体および公民館主催事業に参加する市民の中で乳幼児の保護者が乳幼児を預ける必要がある場合保育することを目的として国立市公民館保育室を設置する。」としています。これからの保育室は、この「要綱第一条」に基づいて運営していきます。（「くにたち公民館だより」二〇〇七年九月）

＊「公民館は〝再開〟と言いますが、今回示された『公民館の考え方』は、これまでの『くにたち公民館保育室』とは無縁の、否、全く相反するものであり、市民と公民館が共に培ってきた歴史を、公民館が踏みつけにする所業です。

　この暴挙は、何ゆえに、何のために行われるのか。誰を利するものであるか。

　公民館はどこへ行くのか。どこまで落ちるのか。

　私たちはあくまで主張します。

　公民館保育室は、単におとなの都合で子どもをあずかるところであってはならない、と。

　それは、もはや『くにたち公民館保育室』ではない、と。」（抗議声明文より112頁）

一二月　『鹿野政直思想史論集』に。

二〇〇八年度　「公民館保育室問題――国立市公民館は何をしたか」

四月　公保連、国立市公民館長に対し、公民館保育室運営、女性問題講座等について質問状を提出

一〇月　「公民館保育室問題――国立市公民館は何をしたか」

第二巻III〝伊藤雅子「主婦」性を洗い出す〟として。

＊二〇〇七年度より女性問題講座の開催がないことからその理由を尋ねた。
館長回答「主催講座の名称は、講座を企画担当する職員が、参加者へのメッセージ性や講師との打ち合わせなどから決定するもので、社会教育機関の公的判断にゆだねられていると認識しています。今後も名称にとらわれず〝女性の学び〟には取り組んでいきます。」

＊国立市公民館処務規則
第五条　公民館の事務分掌は、次のとおりとする。
（一四）　女性問題学習の事業を実施すること。

＊二〇〇六年九月～二〇〇八年四月の顛末、「記

（くにたち公民館保育室問題連絡会編集・発行、B5判八八頁）

録」（No1～25）の巻頭文、抗議文・声明等を一冊に。

＊「現公民館は、単に保育室の運営のあり方だけでなく、公民館そのものの方向性、性格、役割についての認識を根本から変えて、２００７年９月、保育室を〝再開〟しました。

　これまで保育室活動・公民館活動を重んじてきた市民として、私たちは、この問題をとても見過ごしにはできません。

　そこでまず、自分たちが直接体験した事実をありのまま記録しておきたいと考え、この冊子をつくることにしました。

　現公民館は何をしたか。それは、社会的歴史的にどのような意味をもつか。

　問題を明らかにするための第一歩として。

〈市民であること〉を実践を通して考える手がかりとして。」（「まえがき」より）

二〇〇九年度　「資料：くにたち公民館保育室活動」発行

九月　「資料：くにたち公民館保育室活動」発行（くにたち公民館保育室問題連絡会　赤塚頌子、武田てるよ編集）

I　くにたち公民館保育室活動のあゆみ
II　保育室に支えられた学習・グループ活動
III　記録・主張
IV　くにたち公民館保育室活動の姿勢
V　現公民館の姿勢

二〇一三年度　「学習としての託児――くにたち公民館保育室活動」発行

五月　くにたち公民館保育室問題連絡会としての公民館運営審議会傍聴活動、二〇〇七年一月～二〇一三年五月

六月　「学習としての託児――くにたち公民館保育室活動」（くにたち公民館保育室問題連絡会　編集・発行）

＊保育室で子どもを預かっているにもかかわらず、保育室の活動内容について公民館側からまったく伝えられない。

はじめに
I　くにたち公民館保育室活動のあゆみ
II　くにたち公民館の姿勢

九月　「記録」No1～31　二〇〇六年～二〇一三年（くにたち公民館保育室問題連絡会　編集・発行）

一二月　学習会「学習としての託児――くにたち公民館保育室活動」を読む。公保連主催

III　学習としての託児――市民の学習論（B5判二六七頁）

＊のちに単行本として刊行（未來社、二〇一四年四月）

＊全三回。講師　村田晶子さん（早稲田大学教授）

二　保育室に支えられた学習・グループ

（一）公民館主催事業と市民グループ

年度	公民館主催事業	市民グループ	延子ども数
1965	若いミセスの教室一期	ミセスの会	
1966	若いミセスの教室二期	ミセスの会 母と子の勉強会	
1967	若いミセスの教室三期	ミセスの会 母と子の勉強会 三期会	
1968	若いミセスの教室四期	ミセスの会 母と子の勉強会	

		三期会 ミセス四期会
1969	若いミセスの教室五期 子どもの文化 婦人と社会	ミセスの会 母と子の勉強会 三期会 ミセス四期会 みなづき会
1970	若いミセスの教室六期 家庭 子どもの能力と発達 日本の教育	ミセス四期会 母と子の勉強会 みなづき会 六起会 若いミセス交流会
1971	若いミセスの教室七期 女の歴史 女の戦後史 私にとっての婦人問題	葦の会 母と子の勉強会 みなづき会 六起会 井戸端会議くにたち 新聞を読む会
	若いミセスの教室八期 女性解放の思想	葦の会 八期会 二〇三四人

1972	1973	
幼年期 子どもと本の世界	若いミセスの教室九期 子どもと学校 幼稚園を考える 女歌の系譜 『ひと』と私 保育室運営会議	若いミセスの教室一〇期 女と老い一期
みなづき会 井戸端会議くにたち 新聞を読む会 くにたち婦人の会 あひる 東京友の会	八期会 九期会 みなづき会 井戸端会議くにたち 新聞を読む会 くにたち婦人の会 あひる 多摩友の会 幼稚園を考える会 婦人体操の会 絵画グループ 新日本婦人の会	八期会 九期会
	二〇七〇人	三九七一人

1974	
子どもの幸福と女の生き方 老い 保育室運営会議	若いミセスの教室一一期 女と老い二期 子どもと遊びIII 子どもの生活と地域
十期会 井戸端会議くにたち 新聞を読む会 明日の会 くにたち婦人の会毛筆 くにたち婦人の会手芸 くにたち婦人の会ペン習字 あひる 多摩友の会 幼稚園を考える会 婦人体操の会 絵画グループ 新日本婦人の会 新日本婦人の会西班 あいわ保育園父母の会 マザーグース	保育室のつどいグループ 九期会 十期会 十一期会 四〇八〇人

1975

服装から見た女の歴史

井戸端会議くにたち
保育室を考える会
新聞を読む会
グループ鏡
明日の会
しもつき会
くにたち婦人の会茶道
くにたち婦人の会毛筆
くにたち婦人の会手芸
くにたち婦人の会ペン習字
あひる
多摩友の会
幼稚園を考える会
婦人体操の会
絵画グループ
新日本婦人の会
食品の安全を考える会
高校問題くにたち連絡会
小百合幼稚園母の会
女性問題研究会

保育室運営会議

袋物の会

1976

若いミセスの教室一二期
女と老い三期
少年期
育児を考える
梁塵秘抄を読む
保育室運営会議

十期会
十一期会
十二期会
保育室を考える会
グループ鏡
明日の会
きさらぎ
くにたち婦人の会茶道
くにたち婦人の会毛筆
くにたち婦人の会手芸
あひる
婦人体操の会
絵画グループ
日消連くにたち
遊び場をみなおす会
公害のない石鹸を使う会
竹の子会

三九六一人

若いミセスの教室一三期
女と老い四期

保育室のつどい実行委員会
あしたば

三六〇六人

1977	1978
保育室運営会議	若いミセスの教室一四期 女と老い五期 主婦が働くとき一期 『子どもをあずける』編集会議 今子どもをどうとらえたらよいか 保育室運営会議
十二期会 保育室を考える会 総集号Ⅱ編集会議 明日の会 くにたち婦人の会毛筆 あひる 婦人体操の会 絵画グループ 日消連くにたち むさしの籐を編む会 竹の子会	くにたち公民館保育室の会 あしたば 十四期会 保育室を考える会 波紋の会 婦人体操の会 絵画グループ 日消連くにたち むさしの籐を編む会 三八八〇人

1979	若いミセスの教室一五期 女と老い六期 主婦が働くとき二期 今の子どもと親・家庭・地域 保育室運営会議	くにたち公民館保育室の会 あしたば 十四期会 いちご会 保育室を考える会 しおみ会 波紋の会 働くときの会 婦人体操の会 絵画グループ 日消連くにたち 女性合唱団	三一九五人
1980	若いミセスの教室一六期 女と老い七期 主婦が働くとき三期 子どもと社会	くにたち公民館保育室の会 十四期会 いちご会 わだち しおみ会 子どもと社会を学ぶ会 波紋の会 働くときの会	三七六五人

	1981	
集中学習会 保育室運営会議	若いミセスの教室一七期 女と老い八期 主婦が働くとき四期 子どもの生活と文化 集中学習会 保育室運営会議	若いミセスの教室一八期 女と老い九期 主婦が働くとき五期 今の子どもに大切なもの
葦の会 婦人体操の会 絵画グループ 日消連くにたち	くにたち公民館保育室の会 れんさの会 いちご会 わだち かごめ しおみ会 子どもと社会を学ぶ会 子どもの文化 葦の会 イヴの会 婦人体操の会 絵画グループ 三六六三人	くにたち公民館保育室の会 保育室運営委員会 れんさの会 いちご会 三六五七人

1982	1983
集中学習会 保育室運営会議	若いミセスの教室一九期 女と老い一〇期 主婦が働くとき六期 子どもの発達と生活を考える
わだち かごめ どんぐり 子どもと社会を学ぶ会 子どもの文化 ともしび 葦の会 ゆう 婦人体操の会 絵画グループ ヨガ同好会	くにたち公民館保育室の会 保育室運営委員会 れんさの会 いちご会 わだち かごめ どんぐり ＴＡＬＫ 子どもと社会を学ぶ会 三六四七人

1984	
若いミセスの教室二〇期 女と老い 一一期 主婦が働くとき七期	集中学習会 保育室運営会議
くにたち公民館保育室の会 保育室運営委員会 いちご会 わだち かごめ どんぐり TALK はたち さんぽ とわ であい 三六七七人	子どもの文化 さんぽ とわ 葦の会 ゆう 間 婦人体操の会 絵画グループ ESS

	1985
集中学習会 保育室運営会議	女性問題講座 子どもを育て自分を育てる二一期 女と老い 一二期 主婦が働くとき八期
ゆう 間 いま 婦人体操の会 絵画グループ 生活クラブ ESS	くにたち公民館保育室の会 保育室運営委員会 いちご会 わだち かごめ どんぐり TALK はたち 竹の子 グループ一二期 とわ であい 間 三一九四人

（網掛け）は女性問題講座

	1986
集中学習会 保育室運営会議	子どもを育て自分を育てる二二期 女と老い 一三期 主婦が働くとき九期 集中学習会
たんぽぽ 絵画グループ 生活クラブ ＥＳＳ	くにたち公民館保育室の会 保育室運営委員会 わだち かごめ どんぐり はたち 竹の子 なすび グループ一二期 とわ ゆう たんぽぽ 茎 婦人体操の会 絵画グループ 生活クラブ 三九七二人

	保育室運営会議	ESS	
1987	子どもを育て自分を育てる二三期 女と老い一四期 主婦が働くとき一〇期 集中学習会 保育室運営会議	くにたち公民館保育室の会 保育室運営委員会 きりん めい かごめ はたち 竹の子 なすび とわ めい たんぽぽ 茎	三二三二人
1988	子どもを育て自分を育てる二四期 歴史一期	くにたち公民館保育室の会 保育室運営委員会 きりん ひよこ かごめ はたち 竹の子	三一九七人

	集中学習会 保育室運営会議	なすび 女性史を拓く会 たんぽぽ 茎 ESS	
1989	子どもを育て自分を育てる二五期 歴史二期 集中学習会 保育室運営会議	保育室運営委員会 きりん ひよこ 積木 かごめ はたち 竹の子 なすび めい	二七二二人
1990	子どもを育て自分を育てる二六期 歴史三期	保育室運営委員会 きりん ひよこ 積木 すばる 湧く	二四一六人

	集中学習会 保育室運営会議	はたち なすび めい 中国語を勉強する会 仏語同好会	
1991	子どもを育て自分を育てる二七期 歴史四期 日本語講座 集中学習会 保育室運営会議	保育室運営委員会 きりん ひよこ すばる i（あい） なすび ＥＳＳ	二二二二人
1992	子どもを育て自分を育てる二八期 歴史五期 集中学習会 保育室運営会議	保育室運営委員会 きりん ひよこ すばる i（あい） ぶーけ なすび ＥＳＳ	二三三〇人

1993	1994	
子どもを育て自分を育てる二九期 歴史六期 日本語講座・初 日本語講座・中 集中学習会 保育室運営会議	子どもを育て自分を育てる三〇期 歴史七期 集中学習会 保育室運営会議	子どもを育て自分を育てる三一期 歴史八期
保育室運営委員会 きりん ひよこ すばる i（あい） ぶーけ くれよん なすび 女性史を拓く会九三 婦人体操の会 ESS 二五三六人	保育室運営委員会 すばる i（あい） ぶーけ くれよん りぼん 女性史を拓く会九三 二六七五人	保育室運営委員会 虹 二六九一人

1995	日本語講座・初 日本語講座・中 集中学習会 保育室運営会議	すばる ｉ（あい） ぶーけ くれよん りぼん	
1996	子どもを育て自分を育てる三一期 歴史九期 女から女たちへ一期 日本語講座・初 集中学習会 保育室運営会議	保育室運営委員会 虹 ＴＡＭＰＯＰＯ くれよん りぼん 女性史を拓く会九三 主婦と女を考える会	二七五五人
1997	子どもを育て自分を育てる三二期 歴史一〇期 女から女たちへ二期 日本語講座入門 日本語講座・中 集中学習会 保育室運営会議	保育室運営委員会 虹 ＴＡＭＰＯＰＯ グローブ くれよん りぼん 主婦と女を考える会	二四六〇人

1998	1999	
子どもを育て自分を育てる三四期 女から女たちへ三期 日本語講座・中 集中学習会 保育室運営会議	子どもを育て自分を育てる三五期 女から女たちへ四期 日本語講座 日本語講座・中 集中学習会 保育室運営会議	子どもを育て自分を育てる三六期 女から女たちへ五期 こころを育てる一期
保育室運営委員会 虹 TAMPOPO グローブ 三四期会 くれよん りぼん 主婦と女を考える会 二三九八人	保育室運営委員会 虹 TAMPOPO グローブ 三四期会 サラダ くれよん 主婦と女を考える会 二三七六人	保育室運営委員会 虹 TAMPOPO グローブ 二六三四人

2000	2001	2002
日本語講座 集中学習会 保育室運営会議	子どもを育て自分を育てる三七期 女から女たちへ六期 こころを育てる二期 日本語講座 集中学習会 保育室運営会議	子どもを育て自分を育てる三八期 女から女たちへ七期 こころを育てる三期 日本語講座
三四期会 サラダ ぱれっと くれよん りんごのき 主婦と女を考える会	保育室運営委員会 スパイス ＴＡＭＰＯＰＯ 三四期会 ぱれっと くれよん りんごのき プリズム 三一九五人	保育室運営委員会 スパイス 自主三八期 ぱれっと りんごのき プリズム 二九六四人

	2003	2004	
集中学習会 保育室運営会議	子どもを育て自分を育てる三九期 女から女たちへ八期 こころを育てる四期 日本語講座 集中学習会 保育室運営会議	子どもを育て自分を育てる四〇期 女から女たちへ九期 こころを育てる二期 日本語講座 集中学習会 保育室運営会議	子どもを育て自分を育てる四一期 女から女たちへ一〇期
ステップ	保育室運営委員会 スパイス 自主三八期 自主グループ三九期 ぱれっと りんごのき プリズム 「こころを育てる」四期 二六四二人	保育室運営委員会 きると（自主三八期） 自主グループ三九期 自主グループ四〇期 ステップ 「こころを育てる」四期 二八七〇人	保育室運営委員会 自主グループ三九期 二九〇一人

2005	幼児の生活と発達 日本語講座 集中学習会 保育室運営会議	自主グループ四〇期 自主活動グループ四一期 ステップ 「幼児の生活と発達」自主グループ
2006	子どもを育て自分を育てる四二期 暮らしの中から女性と社会を考える 保育室運営会議	自主グループ三九期 自主グループ四〇期 自主活動グループ四一期 ステップ 「幼児の生活と発達」自主グループ 九七七人

（二）公民館主催事業から生まれた市民グループ

年度	主催事業名	グループ名	保育室に通った期間
一九六五	「若いミセスの教室」	一期　→　ミセスの会	（一九六五～一九六九）
一九六六		二期　→　母と子の勉強会	（一九六六～一九七一）
一九六七		三期　→　三期会	（一九六七～一九六九）
一九六八		四期　→　ミセス四期会	（一九六八～一九七〇）
一九六九		五期　→　みなづき会	（一九六九～一九七三）
一九七〇		六期　→　六起会	（一九七〇～一九七一）
一九七一		七期　→　葦の会	（一九七一～一九七二）
一九七二		八期　→　八期会	（一九七二～一九七四）
一九七三		九期　→　九期会	（一九七三～一九七五）
一九七四		一〇期　→　十期会	（一九七四～一九七六）
一九七五		一一期　→　十一期会	（一九七五～一九七六）
一九七六		一二期　→　十二期会	（一九七六～一九七七）

一九七七	一三期 → あしたば	（一九七七～一九七九）
一九七八	一四期 → 十四期会	（一九七八～一九八〇）
一九七九	一五期 → いちご会	（一九七九～一九八五）
一九八〇	一六期 → わだち	（一九八〇～一九八六）
一九八一	一七期 → かごめ	（一九八一～一九八九）
一九八二	一八期 → どんぐり	（一九八二～一九八六）
一九八三	一九期 → TALK	（一九八三～一九八五）
一九八四	二〇期 → はたち	（一九八四～一九九〇）
一九八五	女性問題講座「子どもを育て自分を育てる」 二一期 → 竹の子	（一九八五～一九八九）
一九八六	二二期 → なすび	（一九八六～一九九三）
一九八七	二三期 → きりん	（一九八七～一九九三）
一九八八	二四期 → ひよこ	（一九八八～一九九三）
一九八九	二五期 → 積木	（一九八九～一九九〇）
一九九〇	二六期 → すばる	（一九九〇～一九九五）
一九九一	二七期 → i（あい）	（一九九一～一九九五）
一九九二	二八期 → ぶーけ	（一九九二～一九九五）
一九九三	二九期 → くれよん	（一九九三～二〇〇一）
一九九四	三〇期 → りぼん	（一九九四～一九九八）
一九九五	三一期 → 虹	（一九九五～二〇〇〇）

一九九六		三二期　↓　TAMPOPO	（一九九六〜二〇〇一）
一九九七		三三期　↓　グローブ	（一九九七〜二〇〇〇）
一九九八		三四期　↓　三四期会	（一九九八〜二〇〇一）
一九九九		三五期　↓　サラダ	（一九九九〜二〇〇〇）
二〇〇〇		三六期　↓　ぱれっと	（二〇〇〇〜二〇〇三）
二〇〇一		三七期　↓　スパイス	（二〇〇一〜二〇〇三）
二〇〇二		三八期　↓　きると（自主三八期）	（二〇〇二〜二〇〇四）
二〇〇三		三九期　↓　自主グループ三九期	（二〇〇三〜二〇〇六）
二〇〇四		四〇期　↓　自主グループ四〇期	（二〇〇四〜二〇〇六）
二〇〇五		四一期　↓　自主活動グループ四一期	（二〇〇五〜二〇〇六）

一九七四	講座「女と老い」	一期　↓　明日の会	（一九七四〜一九七七）
一九七五		二期　↓　グループ鏡	（一九七五〜一九七六）
一九七六		三期　↓　きさらぎ	（一九七六）
一九八二		九期　↓　ともしび	（一九八二）
一九八三		一〇期　↓　とわ	（一九八三〜一九八七）
一九八四		一一期　↓　であい	（一九八四〜一九八五）
一九八五	女性問題講座「女と老い」	一二期　↓　グループ一二期	（一九八五〜一九八六）

一九七八	講座「主婦が働くとき」	一期　↓　波紋の会	（一九七八〜一九八〇）

一九七九		二期	↓	働くときの会	（一九七九〜一九八〇）
一九八〇		三期	↓	葦の会	（一九八〇〜一九八三）
一九八一		四期	↓	イヴの会	（一九八一）
一九八二		五期	↓	ゆう	（一九八二〜一九八四）
一九八三		六期	↓	間	（一九八三〜一九八五）
一九八四		七期	↓	いま	（一九八四）
一九八五	女性問題講座「主婦が働くとき」	八期	↓	たんぽぽ	（一九八五〜一九八八）
一九八六		九期	↓	茎	（一九八六〜一九八八）
一九八七		一〇期	↓	めい	（一九八七・八九〜九〇）

一九八八	女性問題講座「歴史」昼の部	一期	↓	女性史を拓く会	（一九八八）
一九九三	女性問題講座「歴史」昼の部	六期	↓	女性史を拓く会'93	（一九九三・一九九四・一九九六）

一九九六	女性問題講座「女から女たちへ」	一期	↓	主婦と女を考える会	（一九九六〜二〇〇〇）

一九八〇	集中学習会	一期	↓	れんさの会	（一九八一〜一九八三）

一九六九	市民大学講座「差別」	↓	新聞を読む会	（一九七一〜一九七五）

一九七三	「幼稚園を考える」	↓	幼稚園を考える会	（一九七三〜一九七五）

一九七九	教育講座I	↓	しおみ会（一九七九〜一九八一）
一九八〇	III	↓	子どもと社会を学ぶ会（一九八〇〜一九八三）
一九八一	V	↓	子どもの文化（一九八一〜一九八三）
一九八三	VII	↓	さんぽ（一九八三〜一九八四）

二〇〇〇	講座「こころを育てる」一期	↓	りんごのき（二〇〇〇〜二〇〇三）
二〇〇一	二期	↓	プリズム（二〇〇一〜二〇〇三）
二〇〇二	三期	↓	ステップ（二〇〇二・二〇〇四〜〇六）
二〇〇三	四期	↓	「こころを育てる」四期（二〇〇三〜二〇〇四）

二〇〇五	講座「幼児の生活と発達」	↓	「幼児の生活と発達」自主グループ（二〇〇五〜二〇〇六）

三　保育室だより総集号「私たちの公民館保育室」もくじ

私たちの公民館保育室・創刊号

目　次

「保育室だより」1975年10月～1977年3月

はじめに …… 1

保育室運営会議と「保育室だより」一覧 …… 4

I　私たちの保育室 …… 6

① こんなことが気になります …… 増井路子（1975年11月）… 6

② いっしょに育ててくれる …… 山岸恵美（〃 11月）… 6

③ いつの日か　私も …… 小原正子（1976年2月）… 7

④ 私の心も一部あずけて …… 関やよひ（〃 2月）… 8

⑤ おりがみ …… 井上節子（〃 2月）… 9

⑥ 理念を失うことなく流動的に …… 笠原洋子（〃 3月）… 9

⑦ 父親の見た公民館保育室とわが娘 …… なかじまやすし（〃 3月）…10

⑧ 学ぶ市民を背負って …… 須田春枝（〃 3月）…10

⑨ 自立をめざして生きる女への共感 …… 菅野勝子（〃 3月）…11

⑩ 自分でやらなきゃダメだもーん …… 服部登子（〃 3月）…11

⑪ 体操と“自分” …… 三井紀代子（〃 5月）…12

⑫ 音 …… 佐伯陽子（〃 5月）…12

⑬ 親の都合 …… 岐部昭子（〃 6月）…13

⑭ 保育室のオリジナルソングを知ってるかい …… 井上節子（〃 6月）…13

⑮ 岩佐京子さんのお話をききながら(1) …… 平塚ミヨ（〃 7月）…14

⑯ 岩佐京子さんのお話をききながら(2) …… 金子容子（〃 7月）…15

⑰ 子どもといっしょに成長したい …… 中島民子（〃 7月）…15

⑱ とても楽しくなりました …… 早坂恵子（〃 8月）…16

⑲ ひとりの市民として …… 吉田美知子（〃 8月）…16

⑳ 私にとっての「保育元年」 …… 新沼慧子（〃 8月）…17

㉑ 主体的な生き方と仲間 …… 田畑みどり（〃 8月）…17

㉒ 保育室を大事にみつめて …… 髙崎和子（〃 8月）…18

㉓ おとな同士のコミュニケーション …… 三浦紀久子（〃 9月）…18

㉔ はるかに大きい子どもの世界 …… 笠原義久（〃 9月）…19

もくじ

私たちの公民館保育室・21

もくじ

もくじ

「保育室だより」　2005年4月〜2006年3月

四　記録・主張

(一)　記録・刊行物

1　公民館事業として

一九六六　「若いミセスの教室講義録」　(一九六五年度　B5判一二二頁)

一九七三　『主婦とおんな——国立市公民館市民大学セミナーの記録』　(未來社刊)

一九七五〜　「保育室だより」発行

一九七七〜　「私たちの公民館保育室」　(「保育室だより」年度別総集号一〜三〇　B5判総頁数四二五八頁)

一九七九　『子どもをあずける』　(未來社刊)

一九八五　『子どもを育て自分を育てる——国立市公民館「保育室だより」の実践』　(未來社刊)

一九八八　「循環」　(「私たちの女性問題学習」実行委員会編・発行　B5判六二頁)

一九八八　「自分を変える・関係を変える」(「私たちの女性問題学習」実行委員会編・発行　B5判一〇二頁)

一九九三　「実践記録集　国立市公民館における女性問題学習」　(B5判三五三頁)

一九九三　「問題提起　公民館活動としての女性問題学習のあり方について」

（「私たちの女性問題学習」実行委員会編・発行　B5判一五頁）

一九九八　「なぜ、女性史を学ぶか——国立市公民館女性問題講座『歴史』一〇年」　（A4判一一二頁）

→一九九九『女性史を拓く5　なぜ、女性史を学ぶか』　（未來社刊）

二〇〇〇　「公民館保育室」　（A5判一八一頁）

2　市民グループによって

一九七〇　「望ましい保育園像を求めて」　（母と子の勉強会編・公民館発行　B5判一三六頁）

一九七一　「ろく」　（六起会発行　No1～8）

一九七一　「ゐどばた」　（井戸端会議くにたち発行　No1～11）

一九七八　「会報」　（くにたち公民館保育室の会発行）

二〇一三　「学習としての託児」

→二〇一四『学習としての託児』　（A5判未來社刊）

3　元保育者によって

二〇〇一　「撰集　保育室のまど」　（井上節子・赤塚頌子編集発行　A5判一四七頁）

4　担当職員・講師によって

一九七一　「母と子の自立への拠点に——公民館附属保育室の意味するもの」　（立川社会教育会館発行）

→一九七五、伊藤雅子著『子どもからの自立』　（未來社刊）

→二〇〇一、岩波現代文庫『新版子どもからの自立』　（岩波書店刊）

一九七八　伊藤雅子著『女の現在』　（未來社刊）

一九八一　藤村美津・伊藤雅子共著『育児力』　（筑摩書房刊）

↓一九九〇　ちくま文庫『育児力』

一九九三　伊藤雅子著『女性問題学習の視点——国立市公民館の実践から』　（未來社刊）

二〇〇四　『週刊朝日百科118　日本の歴史「母であること主婦であること」（伊藤雅子）』　（朝日新聞社）

5　公民館保育室問題に対して

二〇〇六　「公民館保育室活動四〇周年集中学習会レポート」

（二〇〇五年度保育室運営委員会編・発行　B5判一〇〇頁）

二〇〇六　「2006年春——くにたち公民館保育室活動のけじめ」

（二〇〇五年度保育室運営委員会編・発行　B5判七五頁）

二〇〇六〜　「記録」（〜No9　二〇〇五年度保育室運営委員会、No10〜くにたち公民館保育室問題連絡会発行）

二〇一三　「記録」No1〜No31

（くにたち公民館保育室問題連絡会編・発行　B5判一二六頁）

二〇〇八　『公民館保育室問題——国立市公民館は何をしたか』

（くにたち公民館保育室問題連絡会編・発行　B5判八八頁）

二〇〇九　「資料：くにたち公民館保育室活動」

（編集・発行　くにたち公民館保育室問題連絡会　赤塚頌子・武田てるよ　B5判四一頁）

二〇一三　「学習としての託児——くにたち公民館保育室活動」

（くにたち公民館保育室問題連絡会編・発行　B5判二六八頁）

↓二〇一四、単行本に

（くにたち公民館保育室問題連絡会編　未來社刊）

（二）請願書・要望書等

一　保育室設置要求（一九六七）

①　請願書　公民館附属保育施設の件　母と子の勉強会（市議会議長宛一九六七年六月）（106頁）

②　要望書　公民館附属保育施設の件　母と子の勉強会（公民館長宛一九六七年六月）

③　要望書　公民館に附属の保育施設運営について　ミセスの会・母と子の勉強会・三期会・新日本婦人の会（公民館長宛一九六七年一二月）

二　「若いミセスの教室」四期開講要求（一九六八）

①　要望書「若いミセスの教室」開講の件　ミセスの会・母と子の勉強会・三期会（教育委員長宛一九六八年五月）

三　保育室運営のあり方に対して（一九九四～一九九六）

①　提言　保育室活動のあり方について　一九九三年度保育室運営会議（公民館長宛一九九四年五月）

②　提言　保育室運営の基本姿勢堅持を　一九九五年度保育室運営会議（公民館長宛一九九六年五月）

③　公民館保育室活動三〇周年宣言　一九九五年度保育室運営会議（一九九六年五月）

④要望書　保育者の雇用について　一九九六年度保育室運営委員会（公民館長宛一九九六年一一月）

⑤公民館保育室の安定した保育体制堅持を求める要望書　五三市民グループ
（教育委員長・教育長宛一九九六年一二月）

四　公民館保育室問題（二〇〇六～二〇〇九）

①質問状「保育室だより」について　二〇〇五年度保育室運営委員会（公民館長宛二〇〇六年五月）

②抗議文　回答について　二〇〇五年度保育室運営委員会（公民館長宛二〇〇六年七月）

③抗議文　七月の保育室運営会議について　二〇〇五年度保育室運営委員会（公民館長宛二〇〇六年七月）

④要望書　九月以降も現行体制を　「幼児の成長と発達」講座自主グループ
（公民館長宛二〇〇六年七月）
（編集注　講座名は「幼児の生活と発達」）

⑤保育室に関する質問書　自主活動グループ「四一期」（公民館長宛二〇〇六年八月）

⑥抗議文　館長の発言に対して　手塚倫子（公民館長宛二〇〇六年一一月）

⑦公民館保育室運営の異常事態を憂慮し、公民館の責任を問う　元公運審委員ら一〇名
（公民館長宛二〇〇六年一一月）

⑧公民館保育室運営を本来のあり方に！　三六市民グループ　（公民館長宛二〇〇六年一二月）（109頁）

⑨〝保育室のつどい２００７〟声明　くにたち公民館保育室の灯を絶やすな！　〝保育室のつどい２００７〟
参加者一同　（二〇〇七年一月）（111頁）

⑩本来の保育室運営実現のため、態勢の確保を！　〝保育室のつどい２００７〟参加者一同
（公民館長宛二〇〇七年一月）

⑪ 意見書　処務規則改定案に対して　くにたち公民館保育室問題連絡会（公民館長宛二〇〇七年七月）
⑫ 要望書　公運審での館長の説明に対して　くにたち公民館保育室問題連絡会（公民館長宛二〇〇七年七月）
⑬ 要望書　処務規則改定案に対して　元公運審委員有志の会（教育委員長・教育長宛二〇〇七年七月）
⑭ それは、もはや「くにたち公民館保育室」ではない
くにたち公民館保育室問題連絡会　（二〇〇七年九月）（113頁）
⑮ 質問状　現状について　くにたち公民館保育室問題連絡会（公民館長宛二〇〇八年四月）
⑯ 質問書　二六期公運審中間答申について　くにたち公民館保育室問題連絡会
（二六期公運審委員長宛二〇〇九年五月）
⑰ 要望書　二六期公運審中間答申について　くにたち公民館保育室問題連絡会
（二七期公運審委員長宛二〇〇九年六月）

請願書

公民館附属保育施設の件

紹介議員
長友香子
井上スズ

母と子の勉強会
代表者
金子佐保子

婦人も社会の進歩に貢献するために、勉強しつづけなければなりません。

私達、母と子の勉強会では、乳幼児をかかえ、公民館に集まって、勉強会を続けてきました。乳幼児をかかえた母親が勉強するためには、安心して子供をまかせられる施設が必要です。図書館で本を読んだり、グループ活動をしたいと思っても、子供がいるためにあきらめている人が、大勢おります。

また、子供自身にとっても集団の中で保育されることが、教育的に必要なことだと、学問的にも裏付けられています。

勉強する母親にとっても、子供にとっても、理想的な保育施設を、ぜひ国立に欲しい。地域の文化活動の中心である公民館に、附属の保育施設をぜひつくって下さい。
以上のことを請願いたします。

昭和四二年六月一六日
国立市議会議長　柳田公太郎殿

以上

公民館は、40年の歴史が培ってきた「市民の宝」をないがしろにしてはいけません。

公民館は、これ以上、道を過ってはなりません。

私たちは、保育室の運営を、速やかに本来のあり方に正すよう求めます。
そのためにも、公民館は、態勢を一新し、誠意を尽くして市民の信頼回復に努力すべきです。

2006年12月12日

40期（江橋康子）
ステップ39（宮本希世）
きると（戸井田知代）
34期会（久保田ひとみ）
グロープ（佐藤優子）
TAMPOPO（杉原ありさ）
虹（荒深友子）
りぼん（柘植由美）
くれよん（大瀬裕美）
主婦と女を考える会（二井和子）
女の椅子（前田せつ子）
りんごのき（辻陽子）
ぶーけ（鈴木真知子）
i（十松扶美子）
すばる（藤崎久美子）
きりん（栗林静江）
なすび（斉藤禎子）
竹の子（菊池雅栄）
グループはたち（原奈保子）
TALK（鈴木亮湖）
どんぐり（小澤朋子）
かごめ（穐原美紗子）
わだち（浜野あけみ）
いちご会（田村美佐子）
14期会（渡辺ちえ）
みなづき（鍛代錦子）
湧く（塚田典枝）
茎（伊藤博子）
たんぽぽ（大芝裕子）
グループとわ（矢田由利子）
間（川崎よし子）
グループゆう（小田野裕美子）
めい（伊藤真知子）
木曜保育室の会（西名満子）
女性解放くにたち（中野恵子）
女性史を拓く会（秋本知子）

公民館保育室運営を本来のあり方に！

国立市公民館長
　　荒井敏行様

公民館が保育室を「休止」したと知って、市民の間に激震が走りました。

それ以前にも、事業内容が変質してきている、「保育室だより」が出されていない等、「公民館はどうなっているのか」と不審・疑問の声が広がってはいましたが、年度途中に、唐突に、一方的に、公民館が保育室を「休止」するとは！


市民グループの保育をなくしたことは、本来、市民グループを育成し活動を支えるべき公民館にあるまじき姿勢です。

しかも、保育室運営要綱に定められ、開かれた運営のために欠かせない保育室運営会議まで閉ざしているのは、なぜか。こんな事態だからこそ、保育室運営会議を開いて改善の道を模索すべきでしょう。

いまのような公民館のあり方は、公民館が保育室休止の理由の一つにしている「市民との協力関係の問題」をいっそう悪化させるものです。


8月の公民館運営審議会での館長の休止報告以来、既に4ヶ月を超えます。

未だに公民館は事態改善への姿勢を示していません。


くにたち公民館らしくないこのありようを、私たちは見過ごしにはできません。


育児期の女性の共同学習を重視しその道を切り拓いてきた、くにたち公民館の保育室です。

まさに、旧来の女性観、育児観、学習観への画期的な問題提起をなした実践です。

社会的、歴史的、思想史的に高い評価を得て位置づいている活動です。


多くの女性が、公民館保育室活動を基盤に学び、結び合ってきました。

公民館の学習があり、保育室活動があったからこそ、暮らしの場に得がたい仲間を得ることができました。その体験が自分の生き方の核になっていると実感している人がたくさんいます。それほどにも、大きな意味をもつ保育室活動なのです。


そして、それは「子ども一時預かり所に堕してはならない」とし、託児を学習活動として実践してきた、くにたち公民館保育室の理念と運営の姿勢を欠いてはありえなかったことです。

くにたち公民館保育室活動の理念と運営の姿勢を現公民館が歪めることは、市民として決して許せません。

＜公民館保育室活動の目的＞
☆　保育を通して、「人権」・「社会」を学ぶために
☆　性別役割分業の問題性を明らかにしていくために
☆　女性問題解決の主体として、連帯し、学ぶために

私たちは、このような見識をもって運営される公民館保育室に信頼を寄せ、その姿勢を支持してきました。市民として誇りにもしてきました。

私たちは、単に個人的な利用者・受益者に止まることなく、「市民」としてその運営のあり方を見守り、問い続け、活動を創ってきました。


女の学びの歴史に新たな地平を拓き、灯を点して、学習権の認識・思想をより豊かにした実践によって、歴史的・社会的に大きな問題提起となったくにたち公民館の保育室活動。それが、当の公民館によって今日のような異常事態に陥れられていることを、私たちはとても看過できません。

だからこそ、今日、これだけ多くの人々、グループが結集したのです。


それぞれの時代に保育室活動に関わり担った人たちが、こうして心を一つにしてここに集っているのは、保育室活動を個人的体験や思い出に止めず、女から女たちへと縦にも横にも繋ぐものとして受けとめ位置づけてきた証に他なりません。

「おとなが生まれ変った」と思えるほどの公民館保育室の学びは、私たちにとって、自分の生き方の核となり、互いを深く結ぶ基軸になっています。これこそ、社会教育活動の価値・真髄を体現するものだと言えないでしょうか。

運営の如何によっては、それほどの力を内包しているのが公民館保育室活動なのです。


育児期の女たちにとって確かな学びの機会がますます重要な現在的状況だからこそ、今、公民館保育室の運営のあり方はいっそう重んじられるべきです。

女の人間的成長への道を歪めさせたり閉ざさせてはなりません。

くにたち公民館保育室の灯を絶やしてはなりません。


保育室運営に露呈している公民館の現状は、ひとつ保育室運営のみに止まる問題でなく、公民館活動のありよう全体にわたる根本的な問題として、大きな危惧を抱かせられます。

国立市公民館は、今、重大な岐路に立っている――と、思わずにいられません。


私たちは、国立市公民館が、「保育室のしおり」に謳っているような姿勢・理念に立ち戻り、誠意をもって市民の信頼回復への努力を実行動で示すまで、注視し続けます。

2007年1月28日

“保育室のつどい2007”参加者一同

保育室のつどい２００７　声明

くにたち公民館保育室の灯を絶やすな！

2006年8月、荒井敏行国立市公民館長は、公民館運営審議会の場で、公民館保育室の「休止」を告げました。突然の、一方的な通告でした。
理由は、「市民との協力関係の問題により、また保育者全員が７月末で退職したため」（「くにたち公民館だより」2006.9）とのことです。
市民と公民館が「保育室のよりよい運営のため研究協議するため」の保育室運営会議も、館長は、９月を最後に休止しています。

この事態に至るまでにも、公民館は、30年余の歴史をもつ「保育室だより」の発行を止めています。
女性問題講座も内容が変質してきているとの声が市民の間に広がっています。
1980年来続けられてきた保育室集中学習会も行われる様子が見えません。

1965年の誕生以来かつてない、公民館保育室活動の異常事態、歴史的危機を目の当たりにして、2007年1月28日、ここに、“保育室のつどい2007”をもって集結した私たちは、以下のことを確認し声明するものです。

国立市公民館発行の「保育室のしおり」には、次のように記されています。

＜公民館学習の一環としての保育室活動＞

- ☆　*国立市公民館の保育室活動の誕生は、1965年に遡ります。公民館で学ぶ女性たちの市民的な連帯の力があって創設され、以来、「母親の参加のための条件整備」という動機を越え、公民館活動・女性問題学習の一環として育まれてきました。*
- ☆　*活動には、「子どもが幼い間は女は家にいるべき、3歳までは母の手で」とする旧来の育児観・女性観に対する実践的批判、問題提起の意味が込められています。*
- ☆　*運営にあたっては、「子どもにとって」の視点を重んじ、単におとなにとっての便利な「子ども一時あずかり所に堕してはならない」を戒めとしています。*
- ☆　*そして、保育室が子どもたちのより豊かな社会生活の場、成長の場になるようおとな同士が協力し、そのことを通しておとな自身も人間的成長を得る活動にしていくことに、社会教育的意味を求めてきました。*
- ☆　*子どもをあずけることを学習にしていく活動の創造が、公民館保育室活動の要です。*

＜公民館保育室運営の基本姿勢＞

- ☆　*子どもをあずける営みを、おとなの学習の一つとして*
- ☆　*子どもにとってよりよい生活の場であるよう配慮し、おとなが協力し合う場に*
- ☆　*地域や家庭にもつながる営みを*

育児期の女性を低く見てはいけない

母親が一人でわが子に向き合う、多くの育児期の実状は、閉ざされがちであるだけに、この時期の女性たちが、人との豊かな関係を結び、活発な社会生活を営むことができるような社会的配慮がされなくてはなりません。子どもの成長にとっても、女性自身にとっても、家庭の創造期という意味でも、大事な時期でありながら、幸せなはず、あるべき姿として長く放置されてきたのですから。

そこに光をあて、道を切り拓いたのがくにたち公民館保育室でした。そのとりくみは、育児期の女性のとらえ方、学びのあり方への画期的な問題提起となりました。“参加の条件整備”という動機を越えて、子どもを預ける営みを学習にし、母も子も育つことをめざす活動において公民館保育室の社会教育的意味と価値を生み出してきました。

行動の邪魔になるものを預けて 2 時間を得ることに止まるような保育室運営であるなら、それは、女性自身の人格形成にも関わる由々しい問題です。その助長に公民館が加担し、「学習権の保障」という美名を冠するなどとは許されることではありません。育児期の女性の学習には、ただ子どもを預かればよいのではありません。

育児期の女性を、学習を、そのように低く見てはいけません。

なにより、子どもを障碍物視してはなりません。

それは、もはや「くにたち公民館保育室」ではない

公民館は“再開”と言いますが、今回示された「公民館の考え方」は、これまでの「くにたち公民館保育室」とは無縁の、否、全く相反するものであり、市民と公民館が共に培ってきた歴史を、公民館が踏みつけにする所業です。

この暴挙は、何ゆえに、何のために行われるのか。誰を利するものであるか。

公民館はどこへ行くのか。どこまで落ちるのか。

私たちは、あくまでも主張します。

公民館保育室は、単におとなの都合で子どもを預かる所であってはならない、と。

それは、もはや「くにたち公民館保育室」ではない、と。

2007 年 9 月 15 日

公民館保育室問題連絡会（野上美保子・手塚倫子）

それは、もはや「くにたち公民館保育室」ではない

——「学習としての託児」を否定しての“再開”——

2006 年8月、国立市公民館（館長　荒井敏行）は、市民からの批判・保育者の退職を理由に、突然、一方的に保育室運営を中止しました。

そして1年。2007 年9月5日号「くにたち公民館だより」には「保育室を再開します」の記事が掲載されました。この事態をもたらしたことへの反省も謝罪もないまま、「公民館の考え方をまとめました」「ご理解とご協力ください」とありました。

「学習としての託児」を否定し
“子ども一時預かり所”への道を選んだ公民館

その「考え方」は、教育機関である公民館としての見識を欠き、これまでの理念・市民との間で磨かれ蓄積されてきた運営の叡智を、根こそぎ覆すものでした。

そのことは、これまでの“保育室のしおり”と、新たに発行された“保育室のご案内”を見比べればいっそう顕著です。

まず、“しおり”にはあった、公民館保育室の成り立ちと問題意識、明文化されている運営の基本姿勢と活動の目的、広く市民に開かれた運営のための保育室運営会議へのよびかけの項等を一切除去しました。

保育室活動 40 年余、くにたち公民館は一貫して「単におとなにとって便利な子ども一時預かり所に堕してはならない」を運営の戒めとしてきました。

子どもたちにとっても仲間と育つ場になるようおとな同士が互いに配慮する、そのことを通しておとなも自らを育む「学習としての託児」がめざされてきました。

その基本認識と実践において、くにたち公民館保育室は長く市民の支持と信頼を得、世に広く高い評価を得てきたことは周知の事実です。

しかし、現公民館は、「子どもを預ける必要のある場合保育することを目的」とする運営要綱第 1 条を運営の唯一の拠り所にするばかりで、なんらの教育的見識も理念も示しません。

否、明らかに、理念を破棄し、公民館保育室運営の要である「学習としての託児」を否定して、公然と“子ども一時預かり所”への道を選びました。

II

くにたち公民館の姿勢

一　女性問題学習

一　女性問題学習に対する基本認識

（一）女性問題を性差別・人権侵害の問題ととらえる。

（二）「婦人教育」を女性問題解決のための学習ととらえて事業を行う。

（三）自他の人格を尊重し、対等な関係をむすび、互いの成長を支え合いながら生きていく人間的力量を養うための学習ととらえる。

二　学習の展開にあたっての基本姿勢

（一）伝統や文化の名で美化されたり、暮らしの中で慣習化されている差別を差別として感受し、問題を見ぬくことのできる感性と問題意識を養うことを基底にして学習を組む。

（二）社会の動向をみつめ、暮らしの場から女性問題解決をめざす学習のあり方を求める。

（三）一人一人が自ら女性問題をつかみ、問題解決の主体となることをめざして学習を組む。

（四）基本的人権の尊重・民主主義・平和主義を基調とする憲法遵守の立場から先見的にとりくむ。

（五）社会教育機関である公民館の事業としてとりくむ意味を認識し、女性差別が人格形成におよぼす問題に重点をおいてとりくむ。

（六）市民の動きに学び、市民の潜在的要求を掘り起こし、要求の質をさらに高める方向性をもって、公民館活動としての学習課題をつかみ事業化する。
（七）方法自体が問題を明らかにし、自己変革を支え、促すような学習方法を重んじる。
（八）学習主体の実態・問題意識に即して学習を組み立てていく。
（九）知識・情報を断片的に得たり、講師や他の人たちの発言に対して印象だけの、または不確かな受けとりで止まることのないよう相互理解・相互確認が可能な学習形態を重んじる。
（一〇）女性問題の克服を支え合う関係をつくり、その質を高めることを援助する方向で行う。
（一一）女性問題解決に向けての共同学習を市民自らが組織することを援助する方向で行う。
（一二）変容する時代の問題を受けとめながら、これまでの公民館活動の歴史のなかで蓄えられてきた女性問題学習の市民的力量を基盤にして活動を積み重ね、発展させることをめざす。

「くにたち公民館　１９９１年度」より

二　女性問題学習事業のテーマ

（一）若いミセスの教室（一九八五年〜子どもを育て自分を育てる）　一九六五〜二〇〇六　全四二期

（二）女の歴史　一九七一

（三）女の戦後史　一九七一

（四）女性解放の思想　一九七二

（五）「私にとっての婦人問題」　一九七二〜一九七三

（六）女と老い　一九七四〜一九八七　全一四期

（七）女の生き方と性を考える　一九七六〜一九八七　全一二期

（八）主婦が働くとき　一九七八〜一九八七　全一〇期

（九）歴史　昼の部　一九八八〜一九九七　全一〇期

　　　　夜の部　一九八八〜一九九八　全一一期

（一〇）女と人権　一九九四〜二〇〇五

（一一）女から女たちへ　一九九六〜二〇〇五　全一〇期

（一二）私たちの女性問題学習　一九八七〜一九九三　全五期

（一）若いミセスの教室　一九六五〜二〇〇六　全四二期

（一九八五年〜子どもを育て自分を育てる）

1965年1期講義録

目次

1970年5月号　「くにたち公民館だより」等のよびかけ文

若いミセスの教室（第六期）受講者募集

現実の主婦の生活をみつめながら、主婦として、母親として、さらに社会に生きる一人としていかに充実した人生を生きるか、一緒に勉強しましょう。

お子さんは保育室で保母さんがみていてくれます。子どもは子ども同士、おかあさんはおかあさん同士、それぞれ有意義な時間をすごしましょう。もちろん、お子さんのいない方もどうぞ。

開設期日　五月二十日から十二月二日までの毎週水曜日または木曜日で午前十時から十二時まで
開設場所　国立市公民館
学習方法　講義・話し合い・レポート提出・見学など
受講資格　三十歳未満の家庭婦人
定　　員　三十名（先着順）

託児は、二十名まで
受講料　無料ですが、資料代、連絡費として二百五十円おあずかりします。
保育料　無料ですが、おやつ代を一回十円、計二百五十円おあずかりします。
申込み　直接、公民館までおいでください。

	学習の内容	講師
主婦として	女性の幸福は家庭にだけあるのだろうか。家事・育児は女性の天職だろうか。毎日の主婦の暮らしをみつめ、新しい家庭像と主婦の生き方を考える。	山手秀子（広島女学院大学講師、著書は「現代日本の家族と家庭」など） 羽仁説子（評論家、著書は「私の受けた家庭教育」「私の育てた三人の子」など）
母と子どもの成長	子どもの成長発達と母親の課題	近藤薫樹（西久保保育園園長、著書は「集団保育とこころの発達」など）
	集団保育と家庭保育 <市立なかよし保育園見学>	佐々梨代子（児童文学研究家、厚生省児童福祉審議会図書推薦委員）
	子どもと本の世界 子どもと美育	筧三智子（芸術学園こどものくに園長、著書は「0歳から6歳までの音楽教育」など）
	母親のいない子どもたち	沢辺穂二子（養護施設石神井学園保母）
社会の中の一人として	妻として、母としてのみならず社会的にも独立した一個の人格として生きるには。	山崎朋子（女性史研究家、著書は「日本の幼稚園」「愛と鮮血」など）
	これまでの社会と家庭の婦人との関わり、さらに現代の家庭・婦人問題を考え、女性の自立とはなにか、を考える。	小西綾（評論家）

1986年5月号

女性問題講座〈参加者募集〉
子どもを育て自分を育てる（第22期）

助言者　藤村美津（平塚幼稚園）

子どもを見る視点
発達の道すじ／育つことと育てること
生活のあり方と子どもの成長
集団の中の子ども
集団保育とは／個と集団／集団の中で育つもの
母親の生き方と子どもの成長
母親だけで育てられるか／子どもをあずけること／母親の生き方と子どもの成長

この講座は、公民館保育室に子どもをあずけることそのものを大事な学習内容にしています。子どもを見る目を養い、子どもを育てる力を確かにしていくことと、女が自分自身の生き方をみつめ人間的成長を得ていくことを結びつけて学びます。

助言者の藤村美津さんは、その実践のなかで主に「幼児の社会性の発達と集団との関連」について研究を続けている方ですが、「子どもの成長とおとな（母親）の人格発達とのつながり」に着目して公民館保育室の活動にも力を注いでおられます。主な共著書には『育児力』（筑摩書房刊）等があります。

〈募集要項〉
期間　5月16日〜11月14日（全20回、8月は休み）
日時　毎週金曜、午前10時〜12時
定員　20名（申込み先着順）
国立市在住の30歳未満の家庭婦人で、これまで公民館保育室に子どもをあずけたことのない方。
申込み☆5月8日(木)午前9時より電話で受付けます。
電話(72)5141
託児　☆予め電話で申込みをして5月14日(水)昼1時半に子どもといっしょに公民館までおいでください。受付け後、保育についての打合せをします。
☆おやつ代の実費400円（20回分）をおもちください
☆子ども定員20名
くわしくは公民館の係まで

1971年5月号

市民大学講座(1)

『女の歴史』

受講者募集

（写真は昨年の講座「日本の教育」）

〈募集要項〉

▽場所　公民館ホール

▽時間　午前十時から十二時まで

▽定員　申し込みが百名に達したら〆切らせていただきます。定員に満たないときは、当日も受付けます。

▽受付　公民館
　電話㈣五一四一でも受付けます。

☆託児希望の方は、五月十八日(火)午前八時半から受付けます。子ども二十名(先着順)。おやつ代九十円。おつりの要らないようにお願いします。直接公民館までおいでください。

5/21（金）	母の歴史 —愛のすがたと家庭のかたち—	女性史研究家 もろさわようこ 著書「おんなの歴史」など
5/28（金）	女の生活史 —しきたりの中の女—	大妻女子大学教授 瀬川清子 著書「村の女たち」など
6/2（水）	婦人運動のあゆみ —人間らしさを求めて—	評論家 樋口恵子 著書「近代日本の女性像」など
6/12（土）	アジア女性交流史 —女性史の新しい視点—	女性史研究家 山崎朋子 著書「愛と鮮血」など
6/19（土）	「女らしさ」の歴史 —女子教育100年—	日本女子大学教授 一番ケ瀬康子 著書「現代女子教育批判」など
6/25（金）	女が働くこと —性と労働の歴史—	女性史研究家 もろさわようこ 著書「おんなの歴史」など

（三）女の戦後史　一九七一

1971年10月号

市民大学講座(6)

女の戦後史

＜受講者募集＞

あれから26年。

戦後生れの人がもう子どもの父や母になっていて、「戦争を知らない子どもたち」どころか「戦争を知らない親たち」の時代がはじまろうとしています。もう「戦後」ではない、という人もいます。しかしまだまだ「戦後は終っていない、戦争の傷あとは癒えていない」という声も少なくありません。

たとえば、女の生き方という点ではどうでしょう。長い間、家制度の中に封じこめられていた女たちは、新しい憲法の陽光に照らされて社会に向かって大きくその扉を開け、ふみ出して行きました。けれども、その後の26年は、暗から明への一直線だったのでしょうか。

もう一度、私たちの「戦後」をふりかえって、いまの自分の居場所をたしかめ、明日を拓く座標軸にできたら、と思います。

10月26日（火）	戦争体験と女
11月2日（火）	〈家〉と女
11月9日（火）	教育と女
11月16日（火）	労働と女
11月30日（火）	性と女

講師　もろさわようこ
（女性史研究家
主な著者
「信濃のおんな」
「おんなの歴史」）

＜募集要項＞

とき　午前10時～12時
ところ　公民館ホール
申込み　公民館
電話(72)五一四一でも受付けます。

☆託児希望の方は、
10月12日（火）午前8時半から受付けます。
直接、公民館までおいでください。
先着20名まで。
おやつ代75円（5回分）をおあずかりします。おつりが要らないようにお願いします。

(四) 女性解放の思想 一九七二

1972年5月号

市民大学講座は、私たちが現実に直面している問題や、さらに掘り下げて考えてみなければならない問題に焦点をあて、認識を確かなものにしながら、問題の核心に鋭くせまることをねらいとして、企画されたものです。本年もできるかぎり広汎に問題をとりあげ、市民のみなさんの要求に応えていきたいと考えています。

市民大学講座(1)

『女性解放の思想』

講師 山崎朋子（女性史研究家）

女性解放とは、女性を「なにから」「どのようにして」解放させることとなのだろうか。女性解放思想の流れを思想別に検討してみるとともに、現代日本の女性解放思想の方向を考えてみたい。

5／24 初期フェミニズムの思想
—ウルストンクラフト、ミル、諭吉、歌子、晶子など—

5／31 母性主義フェミニズムの思想
—ケイ、らいてう、わかなど—

6／7 女性解放と社会主義
—マルクス、ベーベル、コロンタイ、ボーヴォワール、菊栄など—

6／14 女性解放と性
—アメリカのウーマン・リブの思想—

6／21 現代日本の女性解放思想

〈募　集　要　項〉

▽場所　公民館ホール

▽日時　5月24日から6月21日まで、毎週水曜日
午前10時から12時まで

▽定員　申し込みが百名に達したら〆切らせていただきます。定員に満たないときは当日も受付けます。

▽受付　公民館　電話(72)五一四一

☆託児希望の方は、5月18日(木)午前8時半から受付けます。子ども20名（先着順）。おやつ代75円。おつりの要らないようにお願いします。
直接、公民館までおいでください。

（五）「私にとっての婦人問題」一九七二〜一九七三

1971年11月号

「私にとっての婦人問題」

助言　もろさわようこ（女性史研究家）

真剣に生きようとする多くの女たちをとらえている問題の一つは、女であることがそのまま人間であることに直結しないもどかしさです。これは一体、何でしょうか。何に起因しているのでしょうか。

結婚の現実・子どもを生むこと・育てること・主婦としての日々・女の自己実現と母としての役割・女が働くことの意味等々、日常的な体験や実感の中に含まれている大事な問題を探りながら社会的なひろがり、歴史的な流れの中での自分自身をたしかめ、考え合いましょう。

一般論やたんなる知識としてではなく、実生活の中の、あなた自身にとっての女の問題――そこからはじめたいと思います。

もろさわようこさんの助言を得ながら、共同討議を中心にすすめます。

▽12月7日から3月28日まで

毎週火曜日　計15回

▽午前9時45分から12時半まで

▽定員　20名（先着順）

▽資格は問いませんが、原則として全回出席できる方。

▽申込み　11月15日(月)午前8時半より受付けます。どなたも直接、公民館までおいでください。電話・ハガキなどでの申込みは受付けることができません。

▽託児をご希望の方も同様ですが、おやつ代の実費二百二十五円（15回分）をおあずかりします。子ども定員20名（先着順）

▽また、申込みの折には

「私にとっての婦人問題」というテーマの作文（八百字以内・必ず原稿用紙で）を出していただきます。あらかじめ、ご用意ください。

1973年3月刊　『主婦とおんな』目次

（国立市公民館市民大学セミナー「私にとっての婦人問題」の記録）

カバー装丁・本文中カット＝降矢洋子

1975年9月号

女と老い〈第Ⅱ期〉

—参加者募集—

講　師　林　千代（淑徳短大助教授）

＊

一番ケ瀬康子（日本女子大教授）
中川　晶輝（東村山白十字老人ホーム園長）
高橋　朋子（豊島区立老人福祉センター職員）

見　学　近隣の老人福祉施設

老い——。

だれも避けることはできない、つまりだれにもこれほど差別なく訪れるものはないのに、これほど正視し難いものもまた少いのではないでしょうか。この〈老い〉の事実を、女の生き方、女の生涯を貫く問題としてとらえ互いに力を貸し合って学びたいと思います。

昨年の第Ⅰ期では、二〇代から七〇代にわたる方がともにこの問題を問い合って、それぞれの世代や体験を反映させての意見交換は、そのまま〈女と老い〉の問題の多面性や底深さを照らし出していました。

ことしも、全回通して林千代さんの助言を得ながら、みんなで問題をたしかめ合う方法ですすめたいと思います。全回続けてご出席ください。

▽**日　程**
①9月23日(火)
②10月3日(金)
③7日(火)
④14日(火)
⑤28日(火)
⑥11月11日(火)
⑦18日(火)
⑧25日(火)
⑨12月2日(火)
⑩9日(火)

▽**と　き**　2時から4時

▽**ところ**　公民館講座室

▽**定　員**　20名（申込み先着順）

▽**受　付**　9月18日(木)8時半から

▽**託　児**＊子ども定員10名（申込み先着順）
＊ご希望の方は、必ず公民館まで直接おいでの上、お申込みください。その折におやつ代の実費百八十円（9回分）おあずかりします。
＊なお、見学の日は託児はできませんので予めご了承ください。

1983年9月号

講座　女と老い

第10期　参加者募集

9／14	なぜ「女と老い」か	林　千代（淑徳短大助教授）
21	老後に見る婦人問題	樋口　恵子（評論家）
28	女と老後の現実 —社会保障の実態と主婦であること—	林　千代
10／5		
12	女を老いさせるもの —からだ・心・暮らし—	山住美津子（医師）
19		林　千代
26	老後・子ども・夫 —老後を生きる人間関係—	永畑　道子（評論家）
11／2		林　千代
9	老後をどう生きるか —家庭・施設・地域—	白十字特別養護老人ホーム訪問
16		林　千代

時間　毎週水曜日　全10回
午後2時〜4時

場所　公民館講座室
東村山市・白十字特別養護老人ホーム

定員　25名（申込み先着順）
全回出席を原則とします。

申し込み　公民館まで(72)5141
9月5日(月)朝9時より

託児
○託児を希望する方は、予め講座の申し込みをして、9月10日(土)朝10時に公民館の2階受付けまでおいでください。保育室で保育にあたっての打合せをいたします。打合せは、11時頃まで。子ども連れでどうぞ。
○受付けの折におやつ代の実費180円（9回分）をおあずかりします。
○なお、老人ホーム訪問の日は、託児はできません。
○くわしくは、公民館の係までお問い合わせください。

（七）女の生き方と性を考える　一九七六～一九八七　全一二期

1976年9月号

講座

女の生き方と性を考える

―参加者募集―

講師　吉武輝子（評論家）全回
・山田美津子（「女のからだ」訳者）第一回のみ

女にしても、男にしても、自分の生き方を考えるとき、性の問題を素通りにすることはできないのではないでしょうか。

また、昨今は、表現の問題として、あるいは性教育というような視点から等々さまざまな関心から性の問題がしばしばとりあげられています。

ここでは、性差別・婦人問題の角度から、この性の問題について考えてみることにしましょう。

年令・性別を越えて、いろいろな立場からの意見交換ができたらと思います。

全回通してご出席ください。

とき　夜7時半～9時半
ところ　公民館講座室
申込み　受付は公民館で。
電話　(72)5141

〈参考図書〉

いずれも公民館図書室にあります。ご利用ください。

女のからだ
ボストン「女の健康の本」集団
性の政治学　K・ミレット
女から女たちへ
S・ファイアストーン他
結婚が変わる　吉武輝子
反結婚論　岡田秀子
主婦とおんな　国立市公民館
講座おんな　筑摩書房

①	9／24(金)	「女のからだ」との出会い	性の迷信と呪縛 私自身の私
②	10／1(金)	結婚	結婚の現実 結婚と売春
③	10／8(金)	性と労働	人間関係としての性 人間の自立と自由
④	10／15(金)	母性と性	生命のいとなみ 女のライフサイクルについて

1977年9月号

講座

女の生き方と性を考える

〈第II期〉　参加者募集

女の生き方の問題を性という角度から考える。あるいは、性差別・婦人問題という角度から性の問題をとらえようとする講座です。

ちょうど1年前に行なわれた1回めは、10代の高校生から70代の方まで、働いているひと、家庭の主婦、学生、子どものいるひと、いないひと、結婚しているひと、独身のひと等々、いろいろな立場や生活のひとたちが、すわるいすもないほどたくさん集まって、熱心に、活発に話し合いました。

こんな講座をもっと、話し合いの時間をもっと、という声が強くあがって、ことしは、その2回めです。

講師の問題提起や助言をひとつの手がかりに、それぞれが感じていること、考えていることをたしかめ合える場に出来たらと思います。

とき　夜7時半～9時半
ところ　国立市公民館講座室
受付　あらかじめお申込みください。（電話(72)5141）

とき	テーマ		講師
9/16(金)	I　なぜ性を考えるのか		吉武輝子（評論家）
22(木)	II　性差別の現実	教育の中で	吉武輝子
30(金)		労働の中で	吉武輝子
10/7(金)		性差別の現実と私	（話し合い）・吉武輝子
14(金)	III　母性と性	母性と性	吉武輝子
21(金)		避妊の思想	我妻　堯（医師・東京大学）・吉武輝子
28(金)		母性と性と私	（話し合い）・吉武輝子
11/4(金)	IV　人間関係としての性	愛と性	吉武輝子・岡田秀子
11(金)		イメージとしての性 表現としての性	岡田秀子（法政大学）・吉武輝子
18(金)	V　私の生き方と性を考える		（話し合い）・吉武輝子

1978年9月号

講座 女の生き方と性を考える(第Ⅲ期)

女の生き方を、性の問題を通して考える。あるいは、性差別・婦人問題の角度から性の問題をとらえようとする講座です。

昨年も、10代から60代、女も男も、高校生、学生、主婦、教師、その他さまざまな職業や立場の人たちが会場いっぱい集まって、講師のお話を聞いたり、語り合いました。

日ごろ感じていること、考えていること、そして、自分の生き方をたしかめ合う場にできたらと思います。

講　師　**吉武輝子**　(評論家)

①	9/19(火)	女の生き方と性を考える
②	26(火)	処女性について
③	10/ 3(火)	女と母
④	17(火)	性教育を考える
⑤	24(火)	結婚と性

時　間　いずれも夜7時半～9時半
場　所　公民館集会室
受　付　公民館まで(電話(72)5141)

1980年2月号

講座 女の生き方と性を考える(第Ⅳ期)
―性と教育―
〈参加者募集〉

人が人となっていく上で大きな意味をもつ性の問題。また、教育のありようがそのまま人々の性のとらえ方を既定している現状があります。教育の現実にあらわれた性の問題をみつめて、女の人間的成長や生き方とのかかわりを考えたいと思います。

所　公民館講座室
定員　30名(申込み先着順)
申込み　公民館まで。電話　(72)五一四一

月日	テーマ	講師
2月16日(土)	性と教育	吉武輝子(評論家)
23日(土)	女の子はつくられる	佐藤洋子(朝日新聞学芸部)
3月1日(土)	「少女非行」の現実	佐田智子(朝日新聞社会部)
7日(金)	性教育とは何か	山本直英(吉祥女子高校)
14日金	女の生き方と性を考える	吉武輝子

(いずれも2時～4時)

1980年11月号

講座

女の生き方と性を考える（第Ⅴ期）

参加者募集

近年、性についてずいぶんたくさんのことが語られています。女の側からの発言もかつてになく活発になってきました。とはいえ、性の問題を自分の人格の問題として、生き方の根にかかわる問題としてとらえる見方が一般化してきたかといえば、まだまだそうとは思われません。また、いまの社会のしくみ、多くの人々の暮しや意識の上に、いまなおこの性の問題がさまざまに影をおとし、ひずみをもたらしている現実は、私たちの中にある性による差別的な偏見や囚われの根深さをものがたっています。

女が一人の人間として生きていく上で性の問題をどのようにとらえることが大切か ― 日々の暮らし、私たちの意識や生活感覚をふり返りながらいっしょに考えたいと思います。

場　所　公民館講座室
定　員　30人（申込み先着順）
申込み　公民館　(72)５１４１
時　間　いずれも夜７時半～９時半
日程・内容

11/21(金)	女の一生と性	吉武輝子（評論家）
27(木)	つくられた性の神話	
12/5(金)	産むこと・産まないこと	
12(金)	侵略の性 —集団買春と妻—	松井やより（朝日新聞編集委員）
19(金)	女の自立と性	吉武輝子

1982年2月号

講座

女の生き方と性を考える（第Ⅵ期）

〈参加者募集〉

女だから、女のくせに、…………。

「白昼堂々と」という言葉がありますが、性による差別の問題もそういいたくなるほど私たちの暮らしの中で、おおっぴらにまかりとおっている事実がたくさんあります。このことは、差別をする側もまたされる側も、それを人権問題と認識しきれないで、知らぬ間に差別的言動を重ねているあらわれでもあるのでしょう。

とするなら、私たちの生活感覚や美意識をも色濃く染めている差別的通念の一つ一つを洗い出してみることからはじめる必要がありそうです。

講師の助言に支えられながら、日常の暮らしの中の性差別の相貌をしっかりみつめたいと思います。

この講座は、女の生き方を性の問題を通して考えたり、あるいは、性差別・婦人問題の角度から性の問題をとらえようとする講座として毎年続けています。例年、10代から60代・70代まで、高校生・大学生・会社員・教師・その他いろいろな職業の人、主婦、また、少数ながら男性もというふうに、さまざまな人たちとの出あいの場にもなっています。

2/17(水)	暮らしの中の性差別 ——「女らしさ」のなかみ	評論家　吉武輝子
2/24(水)	結婚の差別・母の差別	
3/3(水)	「福祉」の中の性差別	淑徳短大助教授　林千代
3/10(水)	女の罪—「非行」・犯罪をめぐって	評論家　吉武輝子
3/17(水)	商品としての性	

と　き　夜7時半～9時半
ところ　公民館講座室
定　員　25名（申込み先着順）
申込み　公民館　電話　(72)５１４１

1983年2月号

講座 女の生き方と性を考える〈参加者募集〉（第Ⅶ期）

2/15(火)	性差別の視点から	評論家 吉武輝子
2/22(火)	女のからだ・自分のからだ —お話と映画—	産婦人科医 根岸悦子
3/1(火)	「主婦非行」が告げるもの	評論家 永畑道子
3/8(火)	「強姦」の構造	吉武輝子
3/15(火)	生と性	吉武輝子

たとえば「性差別」ということばは、あなたのくらしの中で目や耳に慣れたものになっているでしょうか。そういう視点から身のまわりや社会のあり方を見ることが身についているとおっしゃる方も少くないと思います。その反対に、あまりピンとこないとか、耳ざわりなことばだと感じる方もおいででしょう。性差別などというものはこの世にはないと思っている方もいるようです。

しかし、性による差別は、本人が自覚するか否かにかかわらず私たちのくらしのすみずみ、意識や感覚のひだに入りこんで、その人の生き方を色染め、縛っています。

この講座では「生と性」についてのたしかな事実認識に基いて女の人たちが自らの生き方を探り、つかんでいく一助になることを願ってひらかれるものです。自分でも気づかずにいる自分の中の差別的偏見を拭ったり、現象の奥にひそむ問題をみきわめていく力を養うきっかけにしていただけたらと思います。

とき　夜7時半～9時半
ところ　公民館講座室
定員　25名（申込み先着順）
申込み　公民館　☎(72)5141

1984年2月号

講座 女の生き方と性を考える〈参加者募集〉（第Ⅷ期）

この講座は、婦人問題・性差別の克服をめざす視点から女の生き方と性を考えようとするもので、今回の焦点は妊娠中絶の問題です。

妊娠中絶とは
中絶の実態と問題点
中絶問題のとらえ方とその社会的背景

——等々、中絶の事実、中絶をめぐる問題をみつめることを通して、〈産む性〉をもつ女の人権・人格がいまの社会でどのように扱われているかをつかみたいと思います。そして、その現実を見据えながら、女が自分を大事にして生きていくとはどういうことか、いっしょに考えたいと思います。

2/23(木)	産むこと・産まないこと	吉武輝子（評論家）
3/1(木)	避妊と妊娠中絶の基礎知識	丸本百合子（産婦人科医）
3/8(木)	中絶問題のとらえ方 —日本・アメリカ・スウェーデン—	ヤンソン由実子（女性問題研究家）
3/15(木)	自分のからだ・自分の人生 —母と娘が語る—	吉武輝子 宮子あずさ（学生）

とき　夜7時半～9時半
ところ　公民館講座室
定員　25名（申込み先着順）
申し込み　公民館　電話(72)5141

1985年2月号

講座　女の生き方と性を考える（第9期）

―参加者募集―

男は外で稼いできて妻子を養い、女は男の働きのもとに家事・育児をするという性別役割分業の暮らし、そういう男と女の関係のあり方がそれぞれの人格形成にどのような影響を及ぼしているか、互いの人間関係をどのようなものにしてしまっているのか――

性の関係という、互いの人間性、関係性がそのままあらわれる場面に焦点をあてて、女と男の生き方をみつめ、真に人間らしい関係のあり方をたずねたいと思います。

2／21(木)	性別役割分業と性	吉武輝子（評論家）
2／27(水)	主婦の性	田中喜美子（雑誌「わいふ」編集）
3／7(木)	夫婦という関係	斎藤茂男（編書『妻たちの思秋期』）
3／13(水)	少女たちの性 ―子は親をどう見ているか	永畑道子（評論家）
3／20(水)	愛・自立・性	吉武輝子

時間　夜7時半～9時半
場所　公民館講座室
定員　25名（申込み先着順）
申し込み　電話(72)5141　公民館

1986年2月号

女性問題講座　女の生き方と性を考える（第10期）

―参加者募集―

「不倫」が流行語になっています。性産業がさまざまな趣向をこらしてエスカレートしています。かつての売春とはちがって軽やかに性が売られている気配さえあります。その一方で、女を「産む性」の鋳型の中に押しもどそうとする勢いも強まっています。

性はすぐれて「個」にかかわる問題。それだけに、その社会の自由度、文化性が測られ、「人間らしさ」が問われる問題です。

10年めを迎える今回は、性の自由、個の尊厳をみつめ直しながら女の人間らしい生き方を考えたいと思います。

2／21(金)	性と人権	吉武輝子（評論家）
28(金)	「産む性」をめぐって	丸本百合子（医師）
3／7(金)	性モラルを考える	宮淑子（ライター）
14(金)	性と法・制度	金住典《ふみ》子《こ》（弁護士）
20(木)	権力と性	吉武輝子（評論家）

時間　夜7時半～9時半
場所　公民館講座室
定員　25名（申込み先着順）
申込　電話(72)5141　公民館

1987年2月号

女性問題講座—参加者募集
女の生き方と性を考える（第11期）

女のからだには、いのちをはぐくみ、いのちを生み出す機能がそなわっています。が、その機能だけがクローズアップされて、当の女の人格や人権と切り離されたもののように扱われたり、個々人の生き方が規制されていくのはとてもこわいことです。

いま、生殖技術はどのように進んでいるのか。そのことが、女の人権や生き方の上にどのように及んでいるのか。私たちの人間性を問い、社会の方向性を問う課題として考えたいと思います。

2／20(金)	女のからだと科学	吉武輝子 評論家、「危機の家庭」の著者
27(金)	生命科学の進歩と 生殖技術	中村桂子 三菱化成生命科学研究所 人間・自然研究部長
3／6(金)	試験管の中の女	ヤンソン由実子 「試験管の中の女」の訳者
13(金)	〈いのちの選別〉 を考える	野辺明子 先天性四肢障害児父母の会会長
20(金)	生む性と人間性	吉武輝子

時間　夜7時半〜9時半
場所　公民館講座室
定員　25名
申込　公民館まで　電話(72)5141

1988年2月号

女性問題講座—参加者募集
女の生き方と性を考える（第12期）

昨年は、女と男の関係、妻と夫の関係のとらえ方に問題を投げかける注目すべき判決が次々に出されました。

例えば、妻に対する夫の強姦罪の成立を認めた判決。破綻の原因をつくった夫の側からの離婚の訴えを認めた判決。女に対する男の性的いやがらせを厳しく裁き、女の正当防衛を認めた「西船橋駅転落死事件」の判決等々です。

今回は、これらの具体的判例を読み解きながら、女と性と法をめぐる問題を考えたいと思います。

3／1(火)	性と法	吉武輝子 （評論家）
3／8(火)	女の目で 判例を読む	金住典子 （弁護士） 吉武輝子
3／15(火)	女を裁くもの	吉武輝子 金住典子

時間　19時半〜21時半
場所　公民館講座室
定員　25名（申込み先着順）
申込　2月12日(金)9時より　電話(72)5141

（八）主婦が働くとき　一九七八～一九八七　全一〇期

1979年5月号

講座

主婦が働くとき（第II期）

参加者募集

今、働くことを考えている主婦は少くないことと思います。ただ、いざ実行となると、現実の壁の厚さばかりでなく、自分の中のためらいや不安が多くて、という声をよくききます。

働くとはどういうことか。今主婦が働く意味や問題点をたずねながら〈働く〉という人間の基本問題を通して女の生き方を考えます。

時　間　いずれも昼2時～4時

場　所　公民館講座室

定　員　30名（申込み先着順）

申込み　5月9日(水)昼2時から受付けます。電話でもけっこうです。(72)5141(代)

託　児　☆子ども定員20名（申込み先着順）

☆託児希望の方は、必ず、直接公民館までおいでの上、あらかじめ手続きをすませてください。

☆受付けのとき、おやつ代の実費200円（10回分）をおあずかりします。

☆5月12日(土)の保育室運営会議に参加なさるようおすすめします（7頁「保育室だより」参照）。なお当日の託児はできません。

回	日	テーマ	講師
1	5/15(火)	なぜ働きたいのか	神田道子（東洋大学助教授　著書『現代女性の意識と生活』他）
2	22(火)	主婦が働くとき	樋口恵子（評論家　著書『あしたの女たちへ』他）
3	29(火)	女が働く現実	神田道子
4	6/5(火)		
5	12(火)	母の再就職と子ども	永畑道子（評論家　著書『私の親子論』他）
6	19(火)		
7	29(金)	老後から考える	島田とみ子（評論家　著書『女の老後を考える』他）
8	7/4(水)	「働ける条件」とは	大羽綾子（ILO理事　著書『婦人労働』他）
9	10(火)	なぜ働くのか	丸岡秀子（評論家　著書『女性が変わるとき』他）
10	18(水)	女が働く意味	大羽綾子

女性問題講座　主婦が働くとき（第X期）

日程	テーマ	講師
5/20(水)	職業に求めるもの	神田道子（東洋大学教授）
27(水)	いま、女が働く意味	神田道子（東洋大学教授）
6/3(水)	保護と平等―働く権利の基本認識	中島通子（弁護士）
10(水)	女が働く現実　①内職の実態から	秋山美枝（目黒・内職友の会）
17(水)	女が働く現実　②再就職の体験から	武田てるよ・星ミツエ
24(水)	働くことと子どもを育てること	永畑道子（評論家）
7/1(水)	働くことと老人介護	向井承子（評論家）
8(水)	女の視点で働く	笠原洋子・村上早代子
15(水)	働くことで変わったこと・変えたいこと	笠原・星・村上
22(水)	どんな働き方をしたいか	神田道子

〈参加者募集〉

時間　いずれも午後2時～4時

場所　公民館講座室

方法　講師のお話と話し合いですすめます

定員　全回通してご出席ください25名（申込み先着順）

受付　5月7日(木)午前9時より電話(72)5141

託児　☆予め電話で申込みをして5月13日(水)3時に必ず公民館まで子どもといっしょにおいでください。受付け後、保育についての打合せをします。

☆おやつ代の実費200円（10回分）をおもちください

☆子ども定員20名

※くわしくは公民館の係までお問い合せください。

(九) 歴史　一九八八〜一九九八

一九八八〜一九九八　昼の部　全一〇期　夜の部　全一一期

昼の部
1988年5月号

女性問題講座　歴　史　参加者募集

今、しきりに「男女平等」が書われ、女の「社会参加」があらためて奨励されています。しかし、その動向は、真に女の人格・人権を尊重したもの、人間らしい価値ある社会の創造の方向に向かうものになっているでしょうか。ひとりひとりが、自分の「社会参加」の求め方・あり方を問い直してみる必要があるのではないでしょうか。

女の地位向上への努力が経済優先・人間破壊の社会づくりに加担しているだけであったり、真面目に役割を果たすことが民主主義を崩す方向につながっていたり、善意の行動が「戦前」への道に拍車をかけることになっていたとしたら、「女の」社会参加の意味は歪みます。そうした観点から、事実を見る目・問題を見抜く目を一緒に養っていくための歴史学習を、今日に必要な女性問題学習の基本ととらえ、次のように計画しました。

基調講演は、〈昼の部〉と〈夜の部〉の双方に向けて基本とする問題意識を提示するものですが、これだけに参加することもできます。

〈基調講演〉　**女性史は、いま**

講師　**鹿野政直**（著書『戦前・「家」の思想』他）

時・所　5月14日(土)　昼2時〜4時　講座室
申　込　電話(72)5141

〈昼の部〉　**母と女　―　らいてう・房枝を軸に**

講師　**堀場清子**（2回目）（著書『青鞜の時代』他）・**鈴木裕子**（全回）（著書『フェミニズムと戦争』他）

先人たちは、母であることと女の自立、家庭と社会、社会参加と女の解放等々をどのようにとらえ、生きたか。そこには、どんな問題が見えるか。――現代の私たちのあり方につなげて学びます。

と　き　5月18日から7月20日　毎週水曜日　昼2時〜4時　（全10回）
ところ　公民館講座室
定　員　25人（申込先着順）
申　込　電話(72)5141
託　児　ご希望の方は、申し込み後、5月13日(金)昼2時に、子どもと一緒に公民館までおいでください。保育の打合せをします。その折りに、おやつ代200円(10回分)をおあずかりします。

〈夜の部〉　**「翼賛」と抵抗**（10月号で募集の予定）

フェミニズムと戦争／母性と国家／運動のなかの女性差別、等
講師　**鈴木裕子**
毎週火曜日　全10回　夜7時半〜9時半

1989 年 5 月号

女性問題講座「歴史」（昼の部）参加者募集

母と女――山川菊栄を軸に

講　師　**鈴木裕子**

（著書『フェミニズムと戦争』他）

〈講師のことば〉

女性たちにとって「昭和」とはどういう時代だったのでしょうか。

「昭和」の歴史が、今を生きるわたしたちに語るものは何なのでしょうか。

昨年度の女性問題講座「歴史」(昼の部、夜の部）では、「母と女」「翼賛と抵抗」をテーマに学習し、その記録もつくられました。

第２期に当たる今年度の講座でも、引き続きこのテーマをメインに「昭和十五年戦争」期を主な対象時期として、先輩の女たちの歩んだ足跡をたどってみます。

今のわたしたちの足元をみつめさせ、自由で闊達な精神や、平和で民主的な社会づくりにつながるような学び方をめざしたいと思います。

と　き　５月17日～７月19日　毎週水曜日　全10回
昼２時～４時

ところ　公民館講座室

申込先　電話(72)5141　定員　25人（先着順）

託　児　ご希望の方は申し込み後、５月12日(金)昼２時に子どもと一緒に公民館までおいでください。保育の打合せをします。その折りにおやつ代250円（10回分）をおあずかりします。

1990 年 4 月号

女性問題講座「歴史」第Ⅲ期

性と労働

（参加者募集）

講師　**鈴木　裕子**（女性史研究家）　全回

角田由紀子　7回目のみ

（弁護士・東京強姦救援センターアドバイザー）

女は昔からつねによく働いてきました。その働きによって生活を成り立たせ、自らを鍛え、豊かな文化を産みだしてきました。が、その一方で、働くことによって自らの人間性を収奪されてきたのも事実ではなかったでしょうか。特に女の場合、労働力だけでなく女性そのものが搾取されてきた側面がありました。女の労働のなかに当然のように性が商品価値として位置づけられてきた苦い事実。また、女の労働と性が権力によってたくみに支配され、国策に利用されてきたのも事実です。

昨年は、主として教育の視点から問題を問うことをしましたが、今年は、性と労働の関係性の視点から歴史的事実に即して女の人間らしい生き方と社会のあり方を問うことを試みたいと考えます。

1、日本の〝近代化〟と女性政策
　法における男女・夫婦関係／〝家〟と天皇制／公娼制度
　――〝家〟制度を補完するもの

2、女性労働と家父長制
　低賃金労働力であるということ／〝身売り契約〟――資本主義と〝家〟との共犯関係／職場・労働組合の中の女性

★　女・労働・性（角田由紀子）

3、性と国家
　性と国家／日本における廃娼運動の意義と限界／戦争と性

と　き　5月16日～7月18日　毎週水曜日　昼2時～4時　全10回

ところ　公民館講座室

定　員　25名　申込み先着順（全回出席を原則とする）

受　付　4月9日(月)朝9時より　(72)5141　国立市公民館

託　児　子ども定員20名
　希望する方は講座申込時に合わせて申し込んでください。
　保育にあたっての打合せは、5月9日(水)昼2時　保育室にて。
　そのときに、おやつ代実費(10回分)250円をお預かりします。

※　**夜の部「性と国家」は、9月号で募集の予定。**

1991 年 4 月号

女性問題講座「歴史」第Ⅳ期（昼の部）

母性と平和

（参加者募集）

講師　鈴木裕子（歴史研究）　全回

＊

角田由紀子（弁護士）

丸本百合子（医師）

★ 母であること

★ 主婦であること

★ 女の平和認識

★ 結婚と売買春

★ 性暴力（角田由紀子）

★ 優生思想

★ 産むこと・産まないこと（丸本百合子）

★ 母性と平和

母性はしばしば平和希求の象徴とされ、「母性尊重」の大義名分は常に強い力をもちます。それだけに権力支配の具に用いられたり、無意識に人権侵害を犯す危険性につながることがあります。

出産率の低下を問題視する声が高く、平和に対する各々の認識のあり方を確かにする必要が切実な現在、「母性と平和」は、人間らしく生きようとする女にとってますます大事なテーマであり、方向を見誤ってはたいへんなことになる問題ではないでしょうか。

これらを考える一つの座標軸として『平塚らいてう評論集』（岩波文庫）を読みながら、女の生き方と社会のありようの関連をみつめ、暮らしの中で問題を見分ける目を養いたいと思います。

とき　5月15日～7月17日　毎週水曜、（全10回）10時～12時

定員　20名（申込み先着順）

申込　4月8日（月）9時より　（電話　72―5141）

託児　＊子ども定員20名。

希望の方は、講座の申込み時に同時に申込んで、

※5月8日（水）10時に子どもと一緒に公民館までおいでください。保育室で、保育者と会って、子どものこと、保育について伝え合います。

※その折おやつ代10回分計300円をお預かりします。

◎（夜の部）「戦争と女」は、9月号で募集の予定。

女と戦争責任／従軍慰安婦／国策と性 等

1992 年 4 月号

女性問題講座「歴史」第Ⅴ期（昼の部）

つくられる母性

（参加者募集）

講師　鈴木　裕子　〈全回〉

（女性史、社会運動史研究）

＊

角田由紀子　〈★印〉

（東京強姦救援センターアドヴァイザー）

母性フェミニズム――平塚らいてうを中心に

母性と優生思想

母性と天皇制

母性と平和思想

つくられる母性

母性政策／母性イデオロギー／母性教育

★買春と強姦

母性と侵略

大陸花嫁／内鮮結婚／従軍慰安婦

と　き　5月13日～7月15日

毎週水曜日（全10回）昼2時～4時

定　員　25名（申込み先着順）

申込先　4月8日㈬朝9時より公民館で　㈴5141

託　児　＊　子ども定員20名。

＊　希望の方は、講座の申込み時に申込みをして**5月6日㈬昼2時に子どもと一緒に公民館までおいでください。**

＊　おやつ代　10回合計400円

◎（夜の部）は、9月号で募集の予定。

「“従軍慰安婦”問題――性と侵略を考える」

1992年12月号

お話と詩の朗読

〃従軍慰安婦〃問題を考える

講師　石川逸子
　　　鈴木裕子

チマ・チョゴリ着た
少女　三人
片頬笑みして河べりに佇む

望郷の思いを隠し
（さらわれる前の日に家族と見た
あんずの花よ）

ほんに　あどけない幼さに見えるけれど
ひそかに慕っていた人にも許していなかった
大事な隠し所を
「皇軍」の名で毎夜荒らされるあなたたちなのだね

戦さが終わる頃
無事に逃れられたろうか
でも　きっと故国へ戻ることをためらい
いま年老いて　どこをさすらっているだろう

一人の兵士の背嚢に運ばれてきた写真
ある日の朝鮮人従軍慰安婦　三人

石川逸子「少女」より
（『ゆれる木槿花《ムグンファ》』所収）

とき　12月23日（天皇誕生日）　昼2時～4時
ところ　公民館　講座室

これは、女性問題講座「歴史」（〃従軍慰安婦〃問題）の一環として行われるものですが、どなたもどうぞ。

1993年4月号

歴史　第Ⅵ期（昼の部）

性と人権

講師　鈴木　裕子　（女性史・社会運動史研究）
＊
角田　由紀子（弁護士）
山崎　啓子　（編集者）

★近代史における性政策
★植民地における性侵略
★フェミニズムと朝鮮
★フェミニズムと天皇制
★天皇制と「従軍慰安婦」
★「従軍慰安婦」問題と現代の買春
★「皇太子妃報道」とわたしたち

き　5月12日～7月21日
　　毎週水曜日　昼2時～4時
ころ　公民館講座室
員　25名　申し込み先着順（全回出席が原則）
付　4月7日（水）朝9時より　公民館(72)５１４１
児　子ども定員20名。（おやつ代10回分計400円）
　　希望の方は、講座の申し込み時に同時に申し込み、5月7日（金）昼2時に子どもと一緒に公民館までおいでください。
　　詳しくは、係まで。

（夜の部）は、9月号で募集の予定。

1994年4月号

歴史　第7期　（昼の部）

女と国家

講師　鈴木　裕子（女性史・社会運動史研究）
　　　山崎　啓子（編集者）

★　近代史における性政策・母性政策
★　植民地政策と性侵略
☆　アジア女性「売春」裁判（山崎啓子）
★「母性と平和」の陥し穴――戦後史検証の視点
　　戦争責任への問い
　　平和認識への問い
　　母性認識への問い
★　家・国家・女
★「国際化」と国家貢献・大国意識
★「少子化」・「高齢化」問題と女の人権

と　き　5月18日～7月20日（全10回）
　　　　毎週水曜日　昼2時～4時
ところ　公民館講座室
定　員　25名　申し込み先着順（全回出席が原則）
受　付　4月6日（水）朝9時～ 公民館（72)5141
託　児　子ども定員20名。（おやつ代10回分計400円）
　　　　希望の方は、講座の申し込み時に同時に申し込み、**5月11日（水）昼2時に子どもと一緒に公民館までおいでください。**保育の打ち合わせをします。
　　　　くわしくは、係まで。

◎（夜の部）は、9月号で募集の予定。

1995年4月号

女性問題講座　歴史　第8期　（昼の部）

女と＜戦後50年＞　2

講師　鈴木裕子（女性史・社会運動史研究）　全回
　　　山代　巴（作家）

★　敗戦と女――どう伝えられたか。どう受けとめたか。
★　賠償から見た＜戦後　50年＞
★　日本と韓国・朝鮮の＜戦後　50年＞
★　戦後天皇制度と女
★　女たちの戦争責任・戦後責任
★　フェミニズムと"従軍慰安婦"問題

と　き　5月17日～7月19日（全10回）
　　　　毎週水曜日　昼2時～4時
ところ　公民館3階講座室
定　員　25名　申し込み先着順(72)5141
保育室　子ども定員20名
　　　　講座申込みのときに併せて申し込み、
　　　　5月10日（水）昼2時、子どもと一緒に公民館ま
　　　　でおいでください。保育室でオリエンテーション
　　　　ます。
　　　　おやつ代実費400円（10回分）お持ちください。

1997年9月号

女性問題講座　歴史　第10期（昼の部）

なぜ、女性史を学ぶか

講師　鈴木　裕子
　　　（『女性史を拓く』等の著者）

なぜ、女性史学習は必要か。
女が歪められずに生きるために、何を、いかに学ぶか。
「自分」に、「今」に、直結する歴史学習のあり方は。

講座発足10年の節目にあたり、「女性問題学習としての歴史学習のあり方」そのものをテーマにします。
これまでこの講座で学んできた方たちによる学習体験をもとにした問題提起を手がかりに、これからを展望する学びにしたいと思います。

と　き　10月8日～12月17日　毎週水曜　全10回
　　　　昼2時～4時

ところ　公民館3階講座室

定　員　25人（申込み先着順）　電話（72）5141

保育室　＊子ども定員20人
　　　　＊講座の申込み時に同時に申込んで、
　　　　10月1日（水）2時に子どもと一緒に公民館まで
　　　　おいでください。
　　　　オリエンテーションを行ないます。
　　　　＊おやつ代10回分実費計400円をお持ちください。

1996年9月号

〈女性問題講座〉

歴史　第9期　昼の部

性暴力の視点から①

講師　鈴木　裕子
　　（社会運動史・女性史研究
　　　『女性史を拓く1～4』等の著者）

★　性と「家」
★　産む性と国家
★「買春」と女性運動
★　セクシュアル・ハラスメントの構造
★　軍隊と性暴力――「慰安婦」・基地

と　き　10月2日～12月4日　毎週水曜　全10回
　　　　昼2時～4時
ところ　公民館3階講座室
定　員　25名（申込み先着順）
申込先　公民館　（72）5141
保育室　☆講座申込み時に併せて申し込んでください。
　　　　☆子ども定員　20人
　　　　☆オリエンテーションを行います。
　　　　．9月25日（水）2時に子どもと一緒においでください。
　　　　☆おやつ代実費400円（10回）をお預かりします。
　　　　☆詳しくは、係まで

夜の部

1988 年 10 月号

女性問題講座「歴史」（夜の部）〈参加者募集〉

翼賛と抵抗

— 今、女の社会参加の方向を問う

講師　鈴木裕子

（著書『フェミニズムと戦争』他）

女の社会参加は、平和と平等、主権在民、人権の尊重に徹した民主的な社会の実現をめざすものであるとき、大きな価値をもつことは言うまでもないでしょう。

それは、差別を許さず、権力支配に屈しないつよさと、人を人として大切にし得るやさしさを女が自分の中に養っていくことでもあります。

かつて戦時下の国家主義的社会にあって「翼賛」に傾いていった人と、ファシズムに対する「抵抗」の志を貫こうとした人との岐れ目はどこにあったのでしょうか。また、その岐れ目は、現在の私たち一人一人の中にも在る岐れ目だとは言えないでしょうか。

婦人運動家たち、市井の女たちが戦争協力にからめとられていった姿と、弾圧に抗して生きようとした人達の姿に目を向け、今こそ大事にしたい女の社会参加のあり方を学びます。

と　き　10月18日～12月20日（毎週火曜、全10回）
夜７時半～９時半

ところ　公民館講座室

定　員　先着順25名

申込先　公民館（72）5141

1988 年 12 月号

女性問題講座「歴史——翼賛と抵抗」

日常茶飯の人権のために

——戦中・戦後を生きて

お話　**山代　巴**

原爆投下は、無差別みな殺しの近代兵器の惨禍をあますところなく人類に知らせた。にもかかわらず人類はいまだに核による近代兵器を捨てないでいる。私は空襲下の囚われの体験から、この現状の進行は、虚無と弱肉強食の生き地獄への道と思い、近代兵器と共存の近代化を否定するため、私の交わった囚われの女たちの人生を書かずにはいられなかった。（「囚われの女たち、何がこれを書かせたか」山代巴）より

主な著書『囚われの女たち』（径書房刊）
『丹野セツ—革命運動に生きる』（勁草書房刊）
『連帯の探求』（未来社刊）

略歴　１９１２年生
１９４２年　治安維持法違反幇助の罪名で懲役に
１９４５年　仮釈放、出所
戦後　原水爆禁止運動、生活記録の運動、作家活動等

と　き　12月11日(日)　1時半～４時

ところ　公民館講座室

受　付　公民館（72）５１４１

これは、国立市公民館1988年度女性問題講座「歴史」夜の部「翼賛と抵抗」（講師　鈴木裕子）の一環として行なわれるものですが、どなたもどうぞ。

1989 年 9 月号

女性問題講座「歴史」第Ⅱ期　（夜の部）翼賛と抵抗

女は、どのようにつくられてきたか

＝参加者募集＝

講師　鈴木裕子

★日本の近代化と「女」教育—良妻賢母主義教育
★戦争と「女」教育
★女の教育家たちが果たした役割
★植民地支配と皇国民教育

〝女の時代〟到来と言われています。が、今日、女の力が求められ、もてはやされているのは、はたして真に女の人格・人権を尊重したもの、女が自らかちとってきた権利の実りとのみ言い切れるでしょうか。政争の具や経済競争、国際的体面上、女が利用されている傾向はないでしょうか。

一見華々しく見える現象に惑わされず、その本質や落し穴を見抜き、何を価値ある変化・動きと見きわめるか、確かな眼をもつことがますます必要になってきています。

今日の社会の動向をみつめ直す手がかりにするために、国家権力が著しく教育を支配していた時代の「女」教育のさまに目を向けてその事実に学び、つくられた「女らしさ」の問題性を克服していく力を養う学習をめざします。

と　き　10月４日～12月６日毎週水曜日（全10回）
夜７時半～９時半

ところ　公民館講座室

申込先　電話　(72)５１４１（全回出席を原則とします）

☆「私が受けた教育」を主題に、ご自身の体験や意見をお寄せください。男の方も、女性問題の視点からご自身の教育体験または、身近に見てきた女の教育について書いてください。この講座で学ぶ方たちのそれぞれの実体験、心に残っている事実を学習材料として活かしていけたらと思います。書いてみようと思う方は、申込時にその旨お伝えください。用紙等をお渡しします。

1990年9月号

女性問題講座「歴史」第III期　（夜の部）

性と国家 〈参加者募集〉

講師　鈴木裕子（女性史・社会運動史研究）　全回
　　　李　順愛（朝鮮女性解放運動史研究）　6回目

性のあり方、特に性政策がさまざまな形でおしすすめられていくさまには、その社会が「個」の自由を尊重し、人権・人格を重んじているか否かの問題が鮮明に映し出されます。

この基本認識のもとに、国家主義が権力的に支配していた時代に焦点をあて、歴史的事実に基いて今日的問題につながる女性問題を学びます。

戦時下の日本の性政策と母性イデオロギーとの関連に注目し、具体的には次のような問題をとりあげる予定です。

☆　人口政策と母性イデオロギー
☆　銃後の妻・軍国の母
☆　植民地における皇民化政策
☆　内鮮結婚
☆　大陸花嫁
★　金子文子と天皇制（李《イ》順《ス》愛《ネ》）
☆　従軍慰安婦
☆　従軍看護婦と日赤看護婦
☆　戦争未亡人

と　き　9／26(水)～12／5(水)
　　　　毎週水曜日　夜7時半～9時半　全10回
ところ　公民館講座室
定　員　25名　申込み先着順(全回出席が原則です)
申込先　電話(72)5141　公民館

1991年9月号

女性問題講座「歴史」第IV期（夜の部）

戦争と女 （参加者募集）

講師　鈴木裕子　全回
（女性史・社会運動史研究）
李《イ》　順《ス》　愛《ネ》　8回目
（朝鮮女性解放運動史研究）

「フェミニズム」の潮流に乗った「情報化」が行政や企業でも進められ、今や、女性問題がファッション的な感覚でとり扱われている傾向さえあります。

女の力が新しい評価を得始めたかに見えて、女に何が求められているのか、それらの動向の意図や意味を見定める必要があるのではないでしょうか。

そこで、この講座では、「聖戦」を押し進める上でとった当時の日本の性政策を点検していくことを通して、現象から事実の本質を読みとる力を養うことをめざします。女自身の意識の落とし穴にも目を向けて自分の課題、女の課題を女性問題解決の方向性を問う視点からとらえる学習にしたいと思います。

☆　出産政策
☆　女性労働力政策
☆　植民政策と性
☆　従軍慰安婦問題
☆　女の戦争責任・戦後責任

と　き　10／9（水）～12／11（水）　全10回
　　　　毎週水曜日　夜7時半～9時半
ところ　公民館講座室
定　員　25名　申込み先着順(全回出席が原則です)
受　付　公民館（72）5141

1992年9月号

女性問題講座「歴史」第V期（夜の部）

〃従軍慰安婦〃問題

――性と侵略を考える

講師　鈴木　裕子

1．〃従軍慰安婦〃問題への基本的視点
　＊民族差別・民族侵略
　＊性差別・性侵略・性暴力
　＊天皇制軍隊による国家犯罪
2．アジア侵略と天皇制国家
　＊台湾
　＊朝鮮
3．天皇制国家の性侵略
　＊家父長制
　＊公娼制
　＊性侵略政策と対外膨張策
4．アジア太平洋戦争と〃従軍慰安婦〃
　＊衝動的「強姦」から組織的「強姦」へ
　＊出産政策（人口政策）と民族抹殺政策
5．〃従軍慰安婦〃問題と今日のわたくしたち

〈参考資料――講師の著書等から〉
『朝鮮人従軍慰安婦』（岩波ブックレット）
「〃従軍慰安婦〃で問われているのは何か」（「世界」9月号）
『従軍慰安婦・内鮮結婚』（未来社刊）
『女・天皇制・戦争』（オリジン出版センター刊）
『フェミニズムと戦争』（マルジュ社刊）
『女性史を拓く1、2』（未来社刊）

期　間　10月14日～12月16日　毎週水曜　全10回
と　き　夜7時半～9時半
ところ　公民館講座室
定　員　25名（申込み先着順）
申込先　(72)5141　公民館

1993年9月号

女性問題講座「歴史」VI期（夜の部）

性と人権

講師　鈴木　裕子（女性史・社会運動史研究）

＊

角田　由紀子（弁護士、東京強姦救援センター・アドヴァイザー）

山崎　啓子（編集者）

★〝従軍慰安婦〟問題の現在

政府の姿勢に見られる問題

マスコミの報道姿勢に見られる問題

戦後補償要求のとらえ方

性暴力の視点から

「強制〝従軍慰安婦〟問題アジア連帯」

★〝従軍慰安婦〟問題の歴史的土壌

★現代の性暴力、買春に見られる問題（角田・山崎）

★〝従軍慰安婦〟問題と今日の私たち

〈講師の著書から〉　（公民館図書室にあります）

『朝鮮人従軍慰安婦』（岩波ブックレット）鈴木裕子

『従軍慰安婦・内鮮結婚』（未来社）鈴木裕子

『女・天皇制・戦争』（オリジン出版センター）鈴木裕子共編

『女性史を拓く1・2』（未来社）鈴木裕子

『性の法律学』（有斐閣）角田由紀子

『「従軍慰安婦」問題と性暴力』（未来社）鈴木裕子　10月刊

と　き　9月29日～12月8日（全10回）

　　　　毎週水曜日　夜7時半～9時半

ところ　公民館講座室

定　員　25名　申し込み先着順（全回出席が原則）

受　付　9月8日(水)朝9時～　公民館　(72)5141

1994年9月号

女性問題講座「歴史」第7期（夜の部）

女と〈戦後50年〉1

講師　鈴木 裕子（女性史・社会運動史研究）

来年1995年を前に、〈戦後50年〉のことばが氾濫しています。

50年の節目を、戦争責任や戦後責任を検証して、二度と戦争を起させない力に生かそうとするのか。それとも、これで戦争責任や戦後責任について打ち切る区切りに利用されてしまうか。

〈戦後50年〉のとらえ方が問われる昨今。女性問題の視点から、とくに、「従軍慰安婦」問題を通して透けて見えてきたことから、〈戦後50年〉をみつめ、戦争責任や戦後責任について考えます。

★〈戦後50年〉と近代日本

★　戦後改革と「女性解放」

★　戦後平和主義と女性運動

★　女の戦争責任・戦後責任は問われてきたか

★　戦後日本と「朝鮮」

★　戦後史と「従軍慰安婦」問題

と　き　10月12日～12月21日（全10回）

　　　　毎週水曜日　夜7時半～9時半

ところ　公民館3階講座室

定　員　25名　申し込み先着順 公民館（72）5141

1995 年 9 月号

女性問題講座　歴史　第 8 期　(夜の部)

女と〈戦後50年〉　3

講師　鈴木 裕子(女性史・社会運動史研究)

戦後50年。日本人の歴史認識が否応なく試されています。

例えば、女性蔑視・人権蹂躙の極みである“慰安婦”問題についての認識。国連人権委員会や国際法律家委員会等では人道に対する国家犯罪として問われているのに対して、日本政府は「国民基金」を以って償いに代えるつもりです。あまりにも大きなズレです。

改めて歴史的事実に学び、この国の主権者として必要な認識を求めたいと思います。

★戦後賠償問題——日本とドイツ
★東京裁判と日本軍“慰安婦”問題
★戦後日本とアジア
★戦後天皇制と女性運動
★戦争責任・戦後責任問題と女たち

と　き　9 月27日～12月13日 (全10回)
　　　　毎週水曜日　夜 7 時半～ 9 時半
ところ　公民館講座室
定　員　25名、申し込み先着順 (全回出席が原則)
申込先　公民館 (72) 5 1 4 1

1996 年 4 月号

歴　史 (第 9 期　夜の部)
女と＜戦後50年＞4

講師　鈴木裕子　(女性史・社会運動史研究)

★　女・アジア・天皇制
★　アジアと日本軍“慰安婦”問題
　　　—— 韓国・フィリピン・マレーシア
　　　　・インドネシア・台湾・中国
★　沖縄—— 女のいくさ世《ゆう》
★　「女帝」論とフェミニズム

と　き　5 月15日～ 7 月17日 (全10回)
　　　　毎週水曜日　夜 7 時半～ 9 時半
ところ　公民館 3 階集会室
定　員　25名　申込み先着順
受　付　電話 (72)　5 1 4 1
＊歴史 (昼の部) は、9 月号でお知らせする予定

1997年4月号

歴史　第10期(夜の部)

性暴力の視点から②

講師　鈴木　裕子（社会運動史・女性史研究）

「強姦とは、まさに女性の人間として女性としての尊厳を攻撃し、女性の力を打ち砕き、女性を貶め、女性を非人間化するものだ」(Rhonda・Copelon)

★　「慰安婦」制度
★　公娼制度
★　性と侵略
★　制度としての結婚
★　性暴力と女性運動

と　き　5月14日～7月16日　毎週水曜日　全10回
　　　　夜7時半～9時半
ところ　公民館3階講座室
定　員　25名（申込み先着順）
申込先　電話（72）5141
昼の部は9月号でおしらせする予定です。

1998年4月号

歴史　第11期

抵抗の思想

講師　鈴木　裕子（女性史・社会運動史研究）

「お望みならば、私を売国奴と呼んでくださってもけっこうです。決して恐れません。他国を侵略するばかりか、罪のない難民の上にこの世の地獄を平然とつくり出している人たちと同じ国民に属していることのほうを、私はより大きい恥とします。」(長谷川テル)

＜とりあげる人と文＞
管野　スガ　「死出の道艸」、訊問調書
金子　文子　「何が私をかうさせたか」、訊問調書
福永　　操　「あるおんな共産主義者の回想」
長谷川テル　「中国の勝利は全アジアの明日へのカギである」
山代　　巴　「丹野セツ」

と　き　5月13日～7月15日（全10回）
　　　　毎週水曜　夜7時半～9時半
ところ　公民館3階講座室　　定員　25人（申込み先着順）
申込先　4月8日（水）9時から　公民館（572）5141

1994年4月号

（日曜の部）女と人権

女が女であるがゆえにその人権が侵されている事実をみつめ、基本的人権を真にわがものにするために必要な力量の獲得を追求する学習の場にしたいと思います。第3日曜午後を原則に行います。

職場で、地域で、暮らしの中で試される

人権感覚・人権意識を共に磨き合いましょう。

女性問題解決の実践的課題に向けて

共にその力を鍛え合いましょう。

4月17日（日）昼1時～4時　講座室

これからの学習にあたって

みんなで学習のもち方の相談をします。

5月　女と憲法（角田由紀子）

6月　〝従軍慰安婦〟問題に向き合う①（鈴木裕子）

7月　〝従軍慰安婦〟問題に向き合う②

（尹貞玉・鈴木裕子）

10月　男女差別賃金裁判を闘って

（野村美登・中島通子）

申込先　（72）5141　公民館まで

1996年4月号

女から女たちへ

──「主婦とおんな」から25年

★　「子どもの手が放れたら」の落とし穴
★　主婦が社会人になる道
★　生き方と働き方
★　夫婦という関係
★　自分のからだ・自分の人生

社会に生きようとするとき、主婦であるがゆえに直面する問題をどのようにとらえ、乗り越えるか──。

道を切り拓こうとして気づいたこと・つかんだことを、個人的体験に止めず、女から女たちへ伝え継ぎ問い交わして、人間らしく自分らしく生きる知恵を分ち合いましょう。

発信者は、主婦・母親になって学び、仲間をつくり、働き方・生き方を選び直してきた方たちです。

専門的立場からは、**中島通子さん**（弁護士）、**丸本百合子さん**（医師）にもお話していただきます。

と　き　5月14日～7月16日（全10回）、朝10時～12時
　　　　毎週火曜日、但し、8回目のみ金曜（7／5）
ところ　公民館3階講座室
定　員　25名（申込み先着順）
受　付　4月9日（火）9時から　**電話**（72）5141
保育室　＊子ども定員20名
　　　　＊講座申込み時に同時に申し込み、
　　　　5月7日（火）10時に子どもと一緒に公民館まで
　　　　おいでください。オリエンテーションを行います。
　　　　＊おやつ代10回分実費計400円をお持ちください。

（一二）私たちの女性問題学習　一九八七～一九九三

1987年11月号

私たちの女性問題学習 第I期

――参加者募集――

女性差別克服をめざす学習は、どうあったらよいか――

国立市公民館では、毎年、次の4つの柱の女性問題講座を中心に女性問題学習を行っています。

育児・母子関係　「子どもを育て自分を育てる」（一九六五年より）
老い　「女と老い」（一九七二年より）
性　「女の生き方と性を考える」（一九七四年より）
労働　「主婦が働くとき」（一九七六年より）

また、これらの講座からはこれまで多くのグループが生まれ、自主的な学習活動が続けられています。

今回、そうしたグループ群のみなさんから「国立市公民館の女性問題学習のあゆみをふり返って、多くの人の眼で市民の自己教育のあり方をとらえ直そう」という呼びかけがあり、ここにそのための学習の場をひらくことになりました。

これまでに公民館で学んださまざまな方たちの報告をもとに、公民館活動としての女性問題学習のあり方を考え、その原則を市民が自ら導き出し、提示していくことをめざした学習です。この課題にとりくみたいと思う方は、ぜひ、一緒に学びましょう。

折しも、来年（一九八八年）は、4つの柱の学習を生み出す基点となった学習（国立市公民館市民大学セミナー「私にとっての婦人問題」）の記録『主婦とおんな』が刊行されて15年目にあたり、さらに4つの柱の講座がいずれも10年以上のとりくみを経たことになる節目の年を迎えます。

まず、第1期は、これからのとりくみの機軸と方向を確認することからはじめます。

11／15(日)　10時～13時
私たちの女性問題学習――市民の自己教育活動として
国立市民　笠原洋子

11／28(土)　19時～22時
『主婦とおんな』が提起したもの
――女性問題認識と学習方法
社会教育研究者　村田晶子

12／13(日)　10時～13時
国立市公民館の女性問題学習の位置と意味
――公教育のあり方を問う視点から
社会教育研究者　熊谷真弓

☆全3回通して出席することを原則とします。
☆申込先　公民館(72)五一四一
資料の準備等の都合がありますので必ずお申込みください。
☆申込〆切　11月13日(金)17時
☆会場　11月15日　集会室
12月13日　講座室
11月28日　講座室
☆『主婦とおんな――国立市市民大学セミナーの記録』（未来社刊）は、図書室にもあります。

三　「保育室のしおり」

保育室のしおり

「ぐりとぐら」より

〒186-0004 東京都国立市中1-15-3
電話　(042)572-5141
国立市公民館・保育室

公民館保育室運営の基本姿勢

☆子どもをあずけあずかる営みを、おとなの学習の一つとして
☆子どもにとってよりよい生活の場であるよう配慮し、おとなが協力し合う場に
☆地域や家庭にもつながる営みを

公民館保育室活動の目的

☆保育を通して、「人権」・「社会」を学ぶために
☆性別役割分業の問題性を明らかにしていくために
☆女性問題解決の主体として、連帯し、学ぶために

公民館保育室活動の主体は市民です。

これら、「運営の基本姿勢」や「活動の目的」は、活動する市民自身によって実践から導き出され、運営会議等で論議を重ねて明文化されたものです。

公民館学習の一環としての保育室活動

☆国立市公民館の保育室活動の誕生は、1965年に遡ります。公民館で学ぶ女性たちの市民的な連帯の力があって創設され、以来、「母親の参加のための条件整備」という動機を越え、公民館活動・女性問題学習の一環として育まれてきました。
☆活動には、「子どもが幼い間は女は家にいるべき、3歳までは母の手で」とする旧来の女性観・育児観に対する実践的批判、問題提起の意味がこめられています。
☆運営にあたっては、「子どもにとって」の視点を重んじ、単におとなにとって便利な「子ども一時預かり所に堕してはならない」を戒めとしています。
☆そして、保育室が子どもたちのより豊かな社会生活の場、成長の場となるようおとな同士が協力し、そのことを通しておとな自身も人間的成長を得る活動にしていくことに、社会教育的意味を求めてきました。
☆子どもをあずけることを学習にしていく活動の創造が、公民館保育室活動の要です。

保育室の子どもは…

☆国立市在住の、学齢前の子ども。

☆例えば、火曜の午前、水曜の午後というように、週1回のサイクルで定期的に通う。

☆但し、その間、母親が公民館の集会施設で主催事業・グループ活動に参加している場合に限る。

保育時間は…

☆休日、休館日を除く毎日開室。

☆火曜～金曜は午前と午後。土曜は午前のみ。

☆午前は10時～12時。午後は2時～4時。

保育態勢は…

☆公民館主催事業、市民グループともに、専属の保育者が保育にあたる。公費による。

☆毎回の子ども定員20人。

☆子ども3人に保育者1人の原則で保育チームを組み、それぞれの子どもグループに対して、保育者も毎回同じメンバーで行う。

保育の申込みは…

☆グループ毎に公民館事務室で受けつけます。前月の6日から15日までの間にどうぞ。

☆初めてのグループは、前月5日までに公民館の係までお問い合わせください。

☆公民館の主催事業の場合は、そのつど「くにたち公民館だより」でお知らせします。

☆通い始めるにあたっては、事前にオリエンテーションを行います。

保育室運営会議にどうぞ

☆毎月第3土曜日に運営会議を開いています。

☆市民、保育者、職員が一緒に話合います。

☆子どものこと、おとなの活動のあり方、保育室のあり方について話合い、日常の運営は、ここでの協議に基いて、行われます。

☆保育室運営を軸に、グループを越えてつながりを結び、互いに学び合う場でもあります。

☆子どもをあずけて活動しているグループは必ず参加してください。

保育室に通うにあたって…

☆もってくるもの

・子どもカード（受けつけ時に発行します）

・おむつや衣類の替え、ポリ袋

☆布で名札をつくってつけてください。

☆もちもの、靴等にも記名を。

☆やむを得ず欠席するときは事前に連絡を。

保育者チームは30分前に保育についての打合せをしますので、できるだけそれまでに。

連絡のときは、保育の参考にしたいので欠席の理由も添えてください。

電話は、事務室で受けて保育室に伝えます。

☆感染症に罹患したり、罹患した子と接触して、他の子にうつす可能性が生じたことがわかったらすぐ知らせてください。

また、互いの免疫を確かめる等、グループで協力して感染を防ぎましょう。

☆開室は10分前からです。遅れないように。

お迎えは、全員そろってどうぞ。

☆その他、子どもたちが保育室でのひとときを充実して過ごせるよう、互いに協力しましょう。

四　「国立市公民館保育室運営要綱」

昭和五〇年二月一日　教委要綱第一号

改正　平成四年一〇月二七日　教委要綱第一二号

第一条　この要綱は、公民館施設（集会、会議室）を使用する市民団体および公民館の主催事業に参加する市民の中で乳幼児の保護者が乳幼児を預ける必要がある場合保育をすることを目的として、国立市公民館に国立市公民館保育室（以下「保育室」という。）を設置する。

第二条　この要綱により保育する乳幼児とは、零歳から学齢前までの国立市に在住する乳幼児をいう。

第三条　乳幼児の保育は、保護者が現に公民館の施設を使用している時間内に限り行なう。

第四条　保育室は、毎週火曜日から金曜日（国民の祝日に関する法律に定める休日を除く。）の午前一〇時から一二時ならびに午後二時から四時および土曜日の午前一〇時から一二時までの間開設するものとし、二時間を限度とする。

第五条　保育室の開設中は、乳幼児を保育する保育者のほか運営を援助する二人以上の職員がいなければならない。

第六条　前条に定める保育者の人数は、保育する乳幼児三人に対し一人の割合で配置する。ただし館長は必要に応じこれを増減することができる。

第七条　乳幼児の定員は二〇人とする。

第八条　保育室における保育を希望する市民団体は、代表者が一括して使用の前月六日から一五日までの間に別記様式により館長に提出するものとし、受付は、先着順により行なう。

第九条　保育室のよりよい運営について研究協議するため運営会議をおく。

二　前項の運営会議は、任意に参加する市民と公民館職員で構成し館長が毎月一回招集して会議を主宰する。

第一〇条　館長は、保育室が乳幼児のよりよい生活の場となるよう常にその整備を心がけるものとする。

第一一条　この要綱に定めるもののほか保育室の運営に関し必要な事項は、館長が定める。

付則

この要綱は昭和五〇年二月一日から適用する。

附則（平成四年一〇月二七日教委要綱第一二号）

この要綱は、公布の日から施行する。

III

学習としての託児——市民の学習論

一　私たちの公民館保育室

国立市公民館保育室運営会議

私たちが住んでいる東京都国立（くにたち）市は、都心から電車で約四〇分のところにあります。人口六万余人、市の大部分は学校の多い住宅街です。

そこにあるたったひとつの公民館には小さな保育室があります。公民館に集まる市民のために設けられた保育室です。私たちは、この公民館、この保育室で出会いました。

これから述べることは、いま私たちが、国立市公民館保育室一四年の歩みをふり返り、それぞれにかかわった人のなかに生きている保育室の体験をひとつにつなげたものであり、子どもをあずけ、あずかる営みを通して、市民と公民館とが保育室運営会議等を軸にして確かめ合ってきたことがらのひとつひとつです。そして、これからも私たちの公民館保育室が確かな歩みを続けるために、どんなことを伝え継ぎ、どのように育てていったらよいのか、かかわる者それぞれがどのように自分の役割を果たしていったらよいのかをみんなで考え合い、この時点で確認できたことがらです。

一　どんなことを大切にしてきたか

先輩に支えられて

いまから一四年前、一九六五年、五月のころです。乳幼児を抱えた若い母親たちが、毎日の暮らしをみつめながら、家庭の主婦として、子どもの母親として、また社会の一員としての問題を、共同して学び合うために、公民館が主催する「若いミセスの教室」という講座が開かれました。その学習に参加する母親のために、子どもをあずかる役をひきうけた人たち、自宅を開放した人がいた、それが、公民館での託児の始まりでした。その人たちというのは、前年、公民館主催の「婦人教室」を終了し、ひき続き公民館で活動していた、先輩に当たる主婦たちでした。その先輩たちが、学習を進めるなかで「もっと子どもが小さくて一番大切なときにこそ、勉強したかったし、仲間もほしかった」と実感して、同じ地域に住む次の世代の母親たちのために、手を貸したのでした。

ここで私たちは、「自分たちはできなかったけれど、あなたたちはおやりなさい」と手をさしのべるやさしさと、この先輩たちがひとりひとり孤立していたのではなく、すでに地域のなかでともに成長していこうとする人と人とのつながりを大切にもっていたこと、そのなかで、子どもが小さいときこそ母親が学び合うことの大切さを実感していたことに心をとめたいと思います。

当時、まだどこにも、公民館保育室というようなものがなかったころですし、自分の学習のために子どもをあずけるということは、安易な気持ちではできないことでした。それだけに、一生懸命学び合うとともに、先輩たちが地域で活動する市民として支え、励ますことに、やはり市民としてどのように応えていったらよいのかを、考え続けました。そして、感謝の気持ちを、先輩たちの志を継ぐような行動を起こすことにつなげた、それが、公民館に保育室をつくる運動でした。

ほんとうに大変な努力でもあったし、またやりがいのある楽しいことでもあったこの運動が実って、一九六八年一月、今日まで使われてきた木造の保育室が建てられ、公民館活動の一環としての保育室の運営が始まったのでした。ここに、育児期の若い母親が公民館の学習活動に参加するということが、国立市民に開けはじめたと言えます。

ここで注目したいのは、乳幼児の母親として家庭にいる主婦が、ひとりの人間として地域のなかでさまざまな人とかかわり合い、学んでいくことが、どんなに大切か、またそれは、特別なことではなく、市民として普通の、あたりまえのことなのだということが、この時点ですでにとても大事にされていたことです。そして、公民館保育室をつくる運動そのものも、「市民であること」をともに受け継いでいく学習であったのだと思うのです。

後に続くひとりひとりが、今度はどのように自分のなかに「市民であること」を受け継いでいるか――が、いま、問われているのではないでしょうか。

子どもをあずけることで

こうしてつくられた公民館保育室に、今日まで、大勢の母と子が通い続けています。子どもをあずけることで、母親たちがどんなことに気づき、どんなことを大切にしてきたのか、それをたどってみたいと思います。

まず、保育室に子どもを託した母親は「ひとり」になって、学習活動に専念することができました。そこには「○○さんのオクサン」や「△△ちゃんのママ」ではない、固有名詞をもった「ひとりの個人としての私」がありました。地域社会のひとりのおとなとして、似たような状況で同じ問題を抱えている人同士、また異なる年代やちがった生活をしている人とも、出会うことができました。そして、そのかかわり合いのなかで自分を育てていくという願いをもち、可能性をつかみ、そして体験してきました。「子どもの成長だけがすべてだった私が、自分を育てることを考えるようになった」と、たくさんの人が語っています。また、市民の自主的なグループでは、絵画や毛筆等の創作活動も行なわれていますが、そのメンバーである若い主婦たちがこんなふうに言っています。「いつも先輩の方がたに、『若い人たちは上達が速くてうらやましい』と言われる。私たちの年代はまだ柔軟で自分をいくらでも開拓できるときだったのだ。いまの時期に出てこられてよかった」と。また「私にとってこの活動は、一生、核のようになっていくものだから、ほんとうはどんな時期でもはずせないことだったのだと、いまになってわかった」と。そして、「保育室だけに頼っているのではなく周囲の人たちと、自分たちでできる方法も試み始めている」と。子どもをあずけることで、気づかされ、大切にしてきたことのひとつは、「ひとりの私」になって他の人たちとかかわり合い、そのなかで自分自身を育てることだったと言えます。

一方、「私の学習のために、子どもが犠牲になっていることはないだろうか」という思いも、多くの母親が抱きました。けれど、そんな思いを打ち消すのは、子ども自身でした。子どもにとって、「はじめてのところ」であったうちは、泣いていやがったりもしましたが、何度か通うにつれ、子どもの方が公民館に行くことを楽しみにするようになり、表情も生き生きとしてきたのです。そして、母と子だけの暮らしでは見られなかったいろいろな変化を、多くの人がわが子のなかに認めました。ほんの小さな例ですがある人は「ひとりっ子で、友だちもなくすごしていた子どもが『ジュンバンネ』と待つことをいつの間にか知っていて、子どもにそんな世界があったんだな、と思った」と言っています。それにもまして驚くことは、子ども自身が、母親を媒介としないところで、大勢の〝おともだち〟や〝おばちゃん〟と豊かなつながりを結び合っている事実です。大多数の人は、子どもが幼ければ幼いほど、子どもは母親がいなければなにもできないように思っていました。だから、初めは保育室にあずけることも、自分が離れているあいだ、母親代わりに、危険がないよう見ていてもらうぐらいにしか考えられなかったのに……。この体験は、子どもが育つということを根本から考え直さざるを得ないひとつのきっかけにもなりました。また、なぜ子どもがそんなに楽しみにするのかというと、そこには、子どもひとりひとりを大事に迎え、子ども集団のよさを生かすための、きめ細かな配慮があったからでした。日々の学習で、あるいは保育室運営会議で、また、母親同士や保育者との個人的なやりとりで、そのことに気づかされたとき、そこから、あずける側である母親の積極的な努力が、おくればせながら始まります。それは、この保育室が、子どもにとっても、生活を拡げ、成長していく場となるように、あずける側とあずかる側が信頼し合っての共同の営みにほかなりません。それまでたんなる注意事項としてとらえていた、健康状態に注意してとか、時刻に遅れないようにとか、下着の替えを忘れずにとかいうことも、ただ規則として守るのではなく、子どもが楽しくすごせるための親としての配慮であると同時に、保育者や子どもたちに対する、おとなとしての当然の基本的マナーだというふうに、母親同士で気づきあってきました。あずけることで大切にしてきたことのひとつ——それは、子ども自身の生活を尊重すること、おとながみんなで共同して、子どもの成長を大事にしていくことでした。

　こうして、保育室を、今日までたくさんの母と子が、それぞれ自分自身の世界をもつ人間として出会い、互いの人格を尊重して育ち合うための拠点としてきました。

　ところで、子どもが大きくなったり、母親が就職したり、また他市への転居等により、直接に子どもをあずける営みから離れた人たちが「公民館保育室は、子どもにとって大きな存在だったと、いまになって思う」とよく言います。また、おとなにとっては「あずけて学んだ体験、そこで得たものは、何年も過ぎたいま、自分のまわりにあるさまざまな問題を解決していく糸口となっている」という声。また「そこで得た仲間とのつながりに何年も支えられてきた。仲間がいたから、今日まで働いてこられた」という声が聞かれます。後に続く者にとって、なんと心ひきしまる証言でしょうか。

　公民館活動の週二時間が支えられたことは、二時間のなかだけにとどまらず、毎日の暮らしを変えていく力になり、さらに、その先に続く人生まで変えていく力にすることもできる——。そのように、私たちはいま、力強く確認することができます。

子どもをあずかることで

「子どもはしっかりあずかるから、あなたたちはしっかり勉強していらっしゃい」と、若い母親たちを励まし続けてきた保育者は、同時に「子どもたちとすごすことがとても楽しい」と口々に言っています。そして、子どもたちや母親たちと、また、保育者同士や担当職員とのかかわり合いのなかで、自分自身の成長をめざしてきました。

その保育者の仲間に、一〇年目から一四年目にわたり、子どもをあずける立場にいた母親たちが加わりました。子どもをあずけることによって大きく育てられた体験をもつ者が、それを個人的なものに終わらせないで今度はあずかる立場にまわって次の母親たちを支えていく。そのことの意味はとても深く、公民館保育室のあり方を受け継いでいく大きな力になっています。

そんな保育者集団が大切にしてきたことは、育児期の若い母親が仲間とともに学ぶことを支えること。同時に、子どもの生活・成長を大事にして、保育室が子どもにとって生活を拡げる場となるように配慮することでした。さまざまな配慮のひとつを、次のように述べています。「子どもたちが仲間との遊びのなかで、自分を主張することを覚え、他人を思いやることのできる力を身につけてほしい。ひとりひとりをよく見ていて、成長の芽を摘むことのないように、その子、その場に応じた働きかけをするように心がけている」と。

子どもたちからは、〝おばちゃん〟と呼ばれてきました。また、親しくなった子どもからは、「〇〇さん」と固有名詞で呼ばれることもあります。〝おばちゃん〟は、子どもにとっても、母親にとっても、同じ地域に暮らす人同士。街角で行き会って、親しく声をかけ合う間柄です。公民館活動からしばらく離れていた人が、道でばったり出会った〝おばちゃん〟に声をかけられて、また保育室に子どもを連れてくるようになった、ということもありました。そのときの母親の気持ちは、こんなふうでした。「自分ひとりで子どもを育てているという圧迫感、疎外感まで抱きとられてゆくのを感じた。〝おばちゃん〟たちが待っていてくれた。いっしょに育ててくれる。なんて心強いんだろう。」

そして、いろいろな子どもや母親たちとかかわり合いながら、自分を見つめ、生き方を変えていく力を吸収し、より確かに子どもたちの成長に手を貸していくために、このかかわりのなかで自己の確立に励んでいます。

保育室運営会議

公民館保育室の活動が始まって六年目の一九七三年から、毎月一回、原則として第二土曜日に、保育室運営会議が開かれてきました。この保育室の運営について考え合うために、誰でも参加でき、自由に発言できる会です。いま子どもをあずけて活動しているグループからはもちろん、その他いろいろな立場の人たちが出席し、保育者と、保育室を担当する職員、そして公民館長がともに輪になって、話し合いが行なわれてきました。

子どもたちのようすを伝えあい、お互いに気をつけたいことを確かめたり、子どもの成長にとってどんなことが大事かを考え合って、保育室が子どものための場となるように配慮し合うことがひとつの柱。それから、グループ同士、おとなの学習活動の内容を紹介し合って、悩みや問題点をいっしょに考え合ったり、そのつながりのなかで学習活動の意味を確かめ合うことがもうひとつの柱でした。

初めのころは、どちらかというと公民館対利用者という形でのやりとりが多かったのですが、回を重ねるごとに、利用者同士の話し合いが中心になってきて、細かな注意等も利用者同士の反省から気づくことが多くなっています。みんながいっしょになって子どもの成長について学んだり、女の生き方の問題を考えるために、講演や映画も組み込まれてきました。

一九七四年には、この保育室運営会議を基軸にみんなで何ヵ月もかけての討議の末、「国立市公民館保育室運営要綱」ができました。これは、それまでの歩みを点検し直して、最低これだけは、と確認したことがらを成文化したもので、この要綱を作ることもひとつの学習活動であったと言えます。

一九七五年一〇月から毎月「保育室だより」が出されています。保育室運営会議で話し合われたことの報告と、次回の予告、参加者がそのときの発言や感想を文章にしたもの、保育室から子どものようすを知らせるコーナー。また、父親たちやいろいろな人たちからのたよりも載せられています。「保育室だより」が読まれるようになって、保育室運営会議はより多くの人にひろがり、活発なものになってきました。またそこに書いたことによって、より主体的に保育室の運営にかかわるようになったという声もあります。一九七七年三月に、それまでの「保育室だより」をひとつに集めた、総集号「私たちの公民館保育室」が発行されました。

これまで保育室運営会議のなかでくり返し話し合い、大切にしてきたことは、まず、保育室での二時間を子どもが楽しくすごせるようにということ。成長を妨げることなく、生活を拡げるひとつの場となるように、家庭の暮らし、地域の暮らしとつなげて、おとなたちみんなで配慮し合うことがひとつ。もうひとつは、子どもが小さいときに女が地域のなかで共同して学ぶ意味を確かめ合い、子どもをあずけ、あずかることを通して自分自身が成長していけるようにということでした。

そして、これらを通して育ってきたものは、あずける者たちとあずかる者たちの信頼し合い成長し合うつながりであったと思います。

国立市公民館の姿勢

公民館で託児が行なわれ、保育室づくりの運動に発展し、今日まで運営されてきたのは、公民館側が、「若い主婦の学習が、今日の社会教育の場で重要視されなければならない」というはっきりした視点をもっていたという、そのことを欠いてはありません。もう少し詳しく言うと――育児期は、子にとっても母にとっても、また家庭全体にとってもとりわけ重要な時期である。さらにこの時期の主婦には、現代の女の問題が集中的に重なっている。また女の問題というとき、いつも子どもを女にくっつけていることの問題性を、最も具体的にあらわしているという意味からも、この時期の問題を考えることが、女全体の問題を考えるときのひとつの基点になる――という見解。その上、今日の社会のなかで若い主婦たちは、いま自分が母親としてもひとりの人間としてもどのように大事な時期にあるかを認識しにくく、自分自身に保障されているはずの基本的人権さえ自覚しにくい状況にいる。だから、若い主婦たちが社会教育の場で共同して学習することが、いまとても必要なのだ――という視点です。それを実現させるためのひとつのきっかけとして、託児ということが行なわれたのでした。ですから、人あつめの手段やサービスとしての託児ではなく、人と人とがしっかり結び合うことを体験しながら、人とかかわる力を養う。そういう意味で、子どもをあずけるということそのものを学習としていく。それが公民館保育室なのだという姿勢が、一貫して守り通されてきました。

そのことは、毎日の運営に具体的にあらわされると同時に、主催事業の内容としてもあらわれています。子どもの幸福な成長と母親の人間的成長を統一してとらえる視点から、毎年さまざまな形で、子どもの教育の問題、婦人問題の学習が欠かさず行なわれてきました。とくに保育室とともに誕生した「若いミセスの教室」は、個々には見えにくかった自分たちの状況を、共同学習を通してしっかり見すえていくことを中心に、保育室に子どもをあずける体験と学習内容が、相乗作用を生じつつしっかり結びついていくように展開されてきました。そのために一回の開講期間も長く、また保育室の歴史とともに現在までに一四期を終えています。

二　改築にとりくんで学んだこと

改築をきっかけとして

公民館改築の動きが具体化したのは、保育室活動の歩みが一〇年余り経過したころです。それまでに保育室の運営について市民と公民館がいっしょに考え合うという関係が養われてきた地点で、この改築を受けとめた市民のなかからこんな声があがりました。「この機会に、公民館保育室一〇余年の歩みをふり返り、改築される公民館にどんな保育室がほしいか、市民として考えてみたい。」保育室運営会議でのこの呼びかけに応じて、子どもをあずけているグループ、保育者、またかつてあずけていた人たちが集まって、話し合いがもたれ、市民の自主グループとして、「保育室を考える会」ができました。

その後、公民館改築が具体化して、市民による原案作成の最終決定機関である「公民館改築委員会」が発足。委員は市民のなかから一四名が委嘱されたのですが、そのうち二名が私たちの保育室にかかわりの深い人で、「保育室を考える会」のメンバーでもありました。

保育室運営会議を柱とし、そこに「保育室を考える会」を中心とした市民独自の活動がさまざまにからみ合いながら、市民と公民館がいっしょになって改築に向けて考えてきたこと、行動してきたことをたどってみると——

まず、公民館とは一体どういうところなのか、つかんでおくことから出発しました。くにたち公民館の生いたちのころからの職員であった社会教育課長の徳永功さんから「公民館とは何か」というテーマで話を聞き、それをもとに、くにたちの公民館が市民によってつくられ、育てられてきた歴史や公民館の役割・原則を学び、公民館はただの貸会場ではないこと、またそれを運営する上での市民の力の大きさについても認識を深めました。

次に、その公民館で保育室はどんな役割をもち、女が子どもをあずけて学ぶということはどういう意味をもつのかを勉強しました。市民が、自らの保育室体験をレポートし合ったり、婦人問題の事業を担当する公民館職員からも、日ごろどういう視点に立って保育室をとらえ、おとなの女が学ぶことを考えているかを、レポートしてもらいました（このレポートは、後に伊藤雅子著『女の現在』として未來社から出版されました）。これらを通して、私たちは現在の母と子の暮らしの普遍的な問題状況を見つめ合うことになり、保育室はたんに女を身軽にする条件整備だけのためにあるのではないことをも再認識していきました。そういうなかで、私たちは、育児を母だけ、女だけの役割としておしつけられ、幼い子どもの生活・成長が家庭のなかだけ、ひとりの母親とのあいだだけにおしこめられているいまのような母と子の状況だからこそ必要な保育室ならば、今後いつまでもこんな保育室が必要とされ続けてよいのだろうかと、あらためて考えさせられました。働くためにせよ学ぶためにせよ、親の都合であずけられるのではなく、すべての子どもに開かれた、子ども自身のための保育所が地域のなかに充分にととのえられることこそ大切ではないのか。公民館保育室は、そういう方向に向かって現状を拓いていくためのひとつの方法として、あくまでも過渡的な存在としてあるべきではないか。とすると、そのような保育室を、半恒久的な建物の中に造ってしまってよいのだろうか――という悩みも出てくるのでした。

また一方、保育室の利用状況を把握したり、保育態勢を確認しながら、それぞれのかかわり方を検討し合いました。保育室を大事にするとはどういうことなのか、日常の具体的な場面、自分の生活態度の次元に戻って点検し合う場を重ね、そのプロセスで「くにたち公民館だより」に市民としてのレポートを載せたりもしました。

これらの活動に平行し、他市の公民館保育室見学を何度も行ないました。いつも必ず、市民と保育者・職員がいっしょに出かけていって、公民館の中での位置や広さ、室内の設備や配置、備品等を中心に見せていただき、運営状況等もうかがってきました。そして再び私たちの公民館保育室をていねいに見直して、改善したい点をいくつかあげることができました。と同時に、木造のやわらかい趣きと、一〇年の積み重ねによるきめ細かな心配りが至るところに見られ、これらすべてが再び生かされる部屋にしたいと切実に思ったものでした。

希望がとおったことで

そのような活動をふまえて、改築委員会に毎回何人かが出席し、「子どもの安全と健康な発達を守ることのできる条件が備えられた部屋がほしい。それを私たちは大事に、活発に機能させていきたい」ということを発言しました。委員会で特に議論の的となったのは部屋の配置の調整でした。保育室は「一階に専用室を」と希望しましたが、フロアのスペースは限られています。和室、集会室……どの部屋も一階の陽当たりのよい場所にほしい思いは同じですし、図書室や職員室もその機能からいって一階が適していますから。たび重なる議論の末、委員会で最終的にでき上がった原案で、保育室は私たちの希望どおり、一階南側の位置になりました。

とてもありがたいと思うと同時に、私たちには大きな課題ができました。年に延べ四〇〇〇人ほどの子どもとその母親たちという、全体から見たらほんの限られた人にしか使われない保育室。しかも朝九時から夜一〇時まで開かれている公民館のなかで、午前午後それぞれ二時間ずつしか使われない部屋が、一階の陽当たりのよい場所に専用室として占められることになった責任と言いましょうか、保育室の存在そのものが再び問われてきます。公民館になぜ保育室があるのか。言ってみれば子どもを育てるために家にいる主婦が、いま子どもをあずけてなにを学ぶのか。そして一部の人たちの特権に終わらせないためには、互いにどのようにかかわり、どう地域に還元していったらよいのか――。私たちは、公民館保育室の原点に引きもどされました。

その後、保育室運営会議でも、それぞれのグループのなかでも、また「保育室を考える会」の呼びかけによる集まりでも、いろいろな折に、毎日の具体的な問題を話し合いながら、保育室の意味を考え続けています。ことに、旧保育室がとりこわされる前に行なわれた〝保育室のつどい〟では、一三年の歴史にかかわったさまざまな人たちが一堂に会し、その歩みをふり返りながら、現在活動中のすべてのグループの人たちとともに「これまでどんなことを大事にしてきたか」を話し合い、「いまどんなところを伝え継ぎ、これからどのように育てていきたいか」を確かめ合うことができました。

これらの動きのなかで、新しい公民館のなかに保育室が位置づけられ、現実の形にしていく作業がすすめられていったのでした。公民館改築に向けて私たち市民の手でいい保育室の設計をしようという努力が、はからずも私たちを原点に引きもどすことになり、これをきっかけに、たくさんのことを学習することになり、かかわる者同士のつながりも深められました。それは、自分の生活そのものを点検させられ、市民としての地域社会へのかかわりまで変えていく学習でした。そして、このように、改築というできごとまでも市民の学習活動としていく働きが「公民館」なのだと、実感をもってとらえることもできました。

一九七八年、改築工事中の現在、仮公民館の中で保育室の活動はますます活発に続けられていますが、新しい建物が完成する（一九七九年三月改築竣工）までのほんの仮住まいともいえる仮公民館のなかに、子どもへの配慮のゆきとどいた保育室が設置されたことは、こうして私たちが精いっぱい改築にとりくんだことによるみのりのひとつだと思っています。また、仮公民館に保育室ができてしまってみると、とかく私たちはそれが当然のことのように思ってしまいがちだけれど、公民館にまだ保育室がないところさえ多い現実を思うと、大変なことだったのだと思い当たり、再び心をひきしめることにもなったのでした。

三　市民・保育者・職員——公民館活動の一環として

保育者の働き

改築にとりくんで、私たちは公民館保育室の原点にたちもどって、たくさんの課題を抱えました。その延長線上に〝保育室のつどい〟を開いて、みんなで共感し合えたことをさらに確かなものにしていく話し合いのなかで、とても鮮明になってきたのは、私たちの保育室が「公民館活動の一環として」あるのだという事実、そしてそのことを私たちが常に認識していることの大切さです。

たとえば、私たちは「あずかる側」というとき、多くの場合保育者だけを考えがちですが、あずかっている主体は公民館であり、保育者は直接に子どもをあずかることで公民館活動を担っている人なのです。公民館保育室は、あずける母親とあずかる保育者だけで成り立つものではなく、公民館活動の一環として存在するのだということを、忘れてはならないと思います。

また、保育者の働きは、〈先輩が若い母親を支える〉という形ではじまり、それが〈仕事〉として位置づけられて賃金が公費から出されるようになったわけですが、私たちのなかにはいまなおそれを〈仕事〉ととらえるだけでなく、〈市民の相互協力〉のひとつとして考える意識が重なっています。そしてこのような、保育者の働きに対する、私たちの意識の二重性が、これまで国立市公民館保育室の活動や運営の上で積極的な意味を発揮してきた事実があります。この特長を今後も生かしながら、もっと確かな態勢にしていくにはどうしたらよいか、保育者の働く体制や労働条件の問題、資格や身分のことなど、市民としてどう考えるかという具体的な課題がくっきりと浮かんできました。

職員の働き

それと同時に、保育室を担当する公民館職員の働きを通して、「公民館活動の一環としての保育室」を感じとっていくプロセスがありました。

〝保育室のつどい〟を計画し、準備した実行委員会の活動のなかには、担当職員の積極的できめ細かな働きがありました。実際の作業のなかで協力していっしょに仕事をするたくさんの場面があったので、私たちのなかに、職員が職員としての役割を果たしているという認識がとても薄く、それよりも「仲間」のような意識が強かったのです。そんな傾向は、この委員会に限らず、日々の学習や保育室運営においても、よくあったことでした。たとえば、それまでの歩みのひとつの総括ともなった〝保育室のつどい〟の場で、今日まで保育室とともに歩み続けた人である公民館職員の伊藤雅子さんに感謝を表わす機会を作ろうという動きがありました。ところが、それは、当の彼女から「そういうことはしないでおきましょうよ」とはっきり断られてしまいました。理由は、「私は職員なのですもの」でした。〝つどい〟の反省会等で、私たちは、そのことについてずいぶん話し合いました。たとえば、いままで彼女から、それぞれの人やグループに対して時と場に応じて「それでいいの」「ほんとうにそうなの」と問い返されたり、また「それはとても大事なことですね」「なんていいんでしょうね」と受けとめられたりしたことが、その人やグループにとって、または保育室運営においてどんな役割を果したのか。「保育室だより」が毎月発行されたり、改築に向かって、また、〝つどい〟を開くまでの過程等で職員としてどんな働きがあったのか。そこにかかわったひとりひとりに対して、あるいは全体にわたって、どんな役割が果たされていたのか、等々です。それによって私たちは、公民館保育室の運営にとって、この保育室を託児サービスではなく学習としていく働き（子どもを育てることとおとなが育つことをからみ合わせる働き）というものが、公民館側に、直接には担当職員の役割として、欠かせないものであることを認識し合ったのでした。また、保育室の成り立ちにさかのぼって考えてみても、もし十余年前に公民館職員のなかに「育児期の主婦の学習こそ大切だ」という問題意識がなかったら、公民館での託児というようなことも始まらなかったかもしれない。あるいは、それを学習としてとらえる視点がなかったら、保育室はいまのように機能しなかったかもしれない。私たちは、公民館職員がこのような問題意識や視点をもち、社会状況を見通して、意図的・具体的に働きかけ、実践していく力をもっていることの重要性に、あらためて注目することになりました。

　そしていままで、「伊藤さん」の個人的な力量の問題のようにとらえてしまいやすかったことがらを、担当職員の役割の内容としてはっきりさせて、職員であるならそれが「○○さん」であっても「△△さん」であっても変わりなく果たされなければならないことはなにか、いまの時点でしっかりおさえておこうと話し合いました。

　このようにして「公民館活動の一環としての保育室」の内容を問うことで、私たちが必然的にたどりついたことは、「市民である」自分たちの内容、役割をはっきりさせることでした。子どもをあずける立場にいる母親が、「利用」ということを越えて、主体的に公民館保育室の運営を担っていく市民として、どんな役割をもつのか問い直すことになりました。

　私たちは今日まで、子どもをあずける者とあずかる者との信頼をひとつひとつ育ててきましたが、その「信頼」を「いい人たちがいたから」というような特殊な例や偶然的なものにはしたくない。それぞれがお互いに対等な立場できちんと役割を果たそうと努めることで成り立つ、より確かな「信頼」に育てていきたいという願いをもちました。そしてまた、公民館保育室は、それぞれが主体的にかかわる三つの立場（市民・保育者・担当職員）の、どの役割が欠けても成り立たないのだということを、はっきり確かめ合うことができました。

四　確かな歩みを続けるために

国立市公民館の活動の一環として、一四年にわたり運営されてきた保育室に、その時々にかかわった人たちが、直面したことがらにていねいに向かい合い、問題に対して市民と公民館がいっしょに考え、答えを育て続けてきました。その積み重ねの一点にいま足をとめて、ここの時点で確認できることがらをまとめてみたいと思います。

保育室の基本姿勢

初めに、私たちは「公民館保育室の基本的な役割」を次のように考えます。

①育児期の若い主婦が共同して学ぶことを支える。

人は誰でも成長したいという気持ちをもっています。特に今日の社会状況においては、自らの人間性の回復と獲得を目指して、人と人とのかかわりのなかで学習を続けていくことが、とても大切になっています。それは一生を通して、どんな時期でも中断させられてよいものではありません。女が子どもを生み育てている時期も、です。ことにいまの社会のなかでは、育児期の若い主婦が著しく人とのかかわりを失い、母と子が必要以上に密着して、互いの人間性を侵害し合ってしまっていること。しかも、一生のうちこの時期が、子どもにとっても母親にとっても、またその家庭にとってもとても重要な時期であることを考えると、女が子どもを生み育てている時期こそ人間性の回復と獲得をめざして共同して学ぶことがとても大切であると言えます。地域のなかの市民の社会教育の場である公民館は、地域住民のすべてに等しく学習の権利を保障するという視点から、そしてさらに、いまの時代、若い主婦たちの共同学習を重要視すべきだという視点から、公民館保育室は、「育児期の若い主婦たちが共同して学ぶこと」を支える役割があります。

②子どもの成長発達を助け、家庭とはちがった新しい人間関係を育てる。

けれども、おとなの学習を支える手段というだけで、子どもという人格をあずけたりあずかったりするという重みのあることが、行なわれてよいとは思えません。「あずける、あずかる」ということばさえ気がかりです。私たちは、育児期の女の基本的人権を主張するかたわらで、子どもの基本的人権をないがしろにしてしまわないためにも、もっとていねいに考える必要があります。子どもの生活は子ども自身のものであって、おとなの都合だけで動かされてよいものではありません。たとえ一時的にせよ、子どもの成長や発達が妨げられてはならないし、常に子どもにとって、自分のための場であり時でなければならないはずです。公民館保育室は、子どもにとっても、ひとりの市民として迎えられるところでなければならないと思います。母親だけとの密着状態からぬけ出て、子ども自身が主体となって大ぜいの友だちや保育者たちと新しい人間関係を結びながら成長していく場であることが大切な役割だと思います。

③子どもをあずける営みをおとなの学習活動にしていく。

保育室を子どものための場とするには、おとなのきめ細かな配慮が必要です。おとなのためという動機を越えていく努力です。母親は自分の子どものことだけを考えるのではすまなくなるし、あずける者とあずかる者が互いに信頼し合い、共同して、絶えず具体的なことがらをていねいに考え合っていくことになります。それは、母親にとって、自分の子どもと他の子ども、子どもと保育者、母親と保育者、母親同士が、しっかり結び合うことを体験しながら、人とかかわる力を養うことにほかなりません。加えて、子どもをあずけることは、それまでは見えにくかった生活が照らし出されることなので、保育室の二時間だけを考えるのではすまず、地域での毎日の暮らしというひろがりのなかで、子どもを育てるということやいまのような家庭のあり方、女の生き方をとらえなおしていく作業へとつながっていきます。そういう意味で、子どもをあずけることそのものが、おとなの人間的成長のための実習です。そして、このことこそが、公民館保育室活動が行なわれる積極的な意味ではないでしょうか。公民館保育室は、あずける営みそのものを、おとなの学習活動としていく役割をもち続けるべきです。

以上の三つのことが、私たちのよりどころとしてはっきりさせておきたい「公民館保育室の基本的な役割」です。そして、保育室がより確かに運営されるための原則であり、基本姿勢となるものです。

運営の上で大事なこと

次に、この基本姿勢をふまえて毎日の運営において大事にしていきたい具体的なことがらについて記しますと——

○「若いミセスの教室」のような主催事業が常に軸にあること。

保育室活動をしっかり私たちの学習とし続けるためには、まず公民館の主催する学習活動のあり方が大事です。公民館保育室は常に「公民館に保育室を置く意味をそのまま学習のねらいとした主催事業」、たとえば「若いミセスの教室」のような活動と一対となっていてこそ意味があります。そのような学習活動がしっかり軸となって保育室が機能しているときに、他の学習活動、文化活動も活発に保育室にかかわっていけるのだと思います。

○主催事業のためにも、市民の自主グループのためにも、同じように開かれる。

「誰にも公平に、できるだけ多くの人に」ということが前提です。主催事業は、公民館の保育室運営の姿勢を具体的にあらわしていくものとしても、また新しく加わる人を大事にするということからも、尊重されなければなりません。同時に、市民の自主的な学習活動を持続していく大切さも、忘れてはならないことです。限られた人数と時間のなかで、その調整をどうするかは、ずっと考えていかなければならないことのひとつですが、機械的にルールを定めるのではなく、必要なときに、グループのメンバーや子どもの状態等をていねいに話し合って、判断していくことが大切だと思います。現に子どもをあずけて活動している者は、それが決して既得権ではないことを自覚しているべきです。いつも、あるいはいつまでも保育室だけに頼るのではなく、この保育室の体験から学びとったことを生かして、自分で学習の条件をあらたに作り出していく努力を忘れたくないと思います。

○保育の対象になる子どもは乳児から。

いつの時期でも学べるようにということから、当然対象になる子どもは零歳からとなります。また、とくに家にいる母と子の問題状況は、子どもの年齢が低いほど深刻で、母親にとっても、子どもにとっても「零歳」は開かれる必要性の高いときです。零歳の赤ちゃんが、保育室の子ども集団のなかで、手を触れ合って喜んだり、友だちの方へ近づこうと必死で体を動かしたり、また、リズム遊び等にも全身で参加しながら、確実に一回ごとに見せる成長を、私たちはあずける側とあずかる側の互いの配慮のもとにしっかり確かめ合ってきました。人は赤ちゃんのときから人とのかかわりを求めている、かかわりのなかで育つことが必要だ、と私たちは思っています。

○いわゆる「自主保育」について。

あずけ手と信頼のもとに共同し合う保育者がいて、担当職員がかかわり、継続した配慮があってこそ、子どものための場としての保育室になり得るのではないでしょうか。そういうものが、公民館保育室なのだと思っています。あるとき部屋だけがそこから離れて利用されることは、どうしてもおとなの都合が先行して、恣意的に子どもを扱ってしまいやすいように思います。子ども自身の生活や成長の権利をふみつけにするようなおとな集団を、無意識に形成してしまわないためにも、たんに手軽だとか、経費が節減できるということで、部屋だけを切りはなして開放するいわゆる「自主保育」を安易に行なってはならないと思います。

○夜間や休日、単発的な集会の保育について。

子どもを夜になってから連れてきて、ねむいところをまた連れて帰ることになる夜間の保育は、とてもよい状態は望めません。単発の場合は、子どもたちが新しい人間関係を結ぶ間もなく終わってしまいます。いずれにしても、おとなにとって便利なだけということになりそうです。育児の全責任を母親ひとりが担うのではなく、みんなで育てていこうという保育室なのに、結局はいつも母親だけが子どもを連れ歩き、そういう枠のなかでしか、子どもの問題を考えなくしてしまうことにならないでしょうか。保育室に子どもをあずける営みが、同時に、日々、家庭のなかで、地域のなかで子どもが育っていくような人間関係を編んでいく努力につながっていく、そういうものであるとき、公民館保育室はその地域社会にとって大きな意味をもつものと考えます。子どものための場となりにくい、夜間、休日、単発的な保育は、それまでして公民館が担うより、そういう集まりに母親が参加するとき、子どもたちは、家庭や地域のふだんの人間関係のなかですごせるようにしていくことを大切にしたいと思います。

○保育室運営会議を学習活動の一環として大事にしていきたい。

保育室を運営していく上でのこまごまとした話し合いや、互いの研修などが行なわれているこの会議は、保育室活動を学習としていくための方法でもあります。たとえば、おとなの活動が直接保育室の意味につなげにくい内容であったり、個人プレー的な要素が強かったりしても、運営会議では、誰もが保育室の意味や目的を共同して学び合うことができます。また、グループの境を越えておとながつながり合うこともできる場です。私たちは、この会議をたんなる連絡やとり決めの場としてしまってはならないと思います。

○保育者の役割について。

公民館保育室の運営において、保育者が担う役割を、次のように考えます。育児期にある若い主婦が社会的なつながりのなかで学ぶことに手を貸す。実際には、母親が学ぶあいだ、その子どもをあずかる役割を担うと同時に、子どもにとっては、親とはちがったおとなとして、その成長にかかわる役割をもつ。ですから、保育者はどんな人であることが必要かというと、母親にとっても、子どもにとっても、地域社会の人間同士としてともにつながり合い、成長をめざしていける人、公民館保育室の役割を確かめながら、保育者同士、母親と、担当職員と共同して、子どもの発達の道すじやとりまく状況を見きわめ、子どもにしっかりかかわって成長に手を貸していける人、ということになります。

○公民館保育室を担当する職員の役割について。

担当職員は、公民館保育室の基本姿勢をいつも確かめながら、充分に機能が生かされるように意図し、保育室にかかわるすべての市民に対して、必要な働きかけをしていく役割があります。実際には、育児期の若い主婦が、仲間づくりをしながら、共同して学び合い、毎日の生活をとらえなおしていけるような事業を行ない、託児の体験が学習内容に結びつくように展開させ、継続させていくことがひとつとしてあります。また、子どもをあずけて、自主的なグループ活動をしている人も、主催事業に参加する人も、互いにかかわりをもちながら、ひとりひとりが子どもをあずけることを自己学習としていくための問題提起や働きかけが必要です。保育者とは、対等な立場で異なる役割を担う者として共同し合い、毎日の運営に当たって、常に子どもにとってどうなのか、おとなにとってどうなのか、今日の社会のなかではどうなのかを見すえて、必要なことを言い、行なっていくことになります。ですから、担当職員は、その時代の社会状況と、そのなかで育児期の母と子が負っている矛盾や問題を的確に把握して、いまなにをすることが必要なのかをみきわめる力というものがまず重要なことになります。その上で、公民館保育室の意味を確かめながら、毎日の運営に主体的にかかわり、役割を果たしていける人であることが必要です。

○市民として。

子どもをあずけて学ぶことによって、それまではばらばらにいた母親たちが、互いのかかわりのなかで一個人としての自分をもち、その自分を確立させながらつながり合っている、そういう「私たち」である母親は、ただ一方的に支えられていることにとどまらないで、市民として公民館保育室の運営を担っていく役割があると思います。公民館保育室に子どもをあずけて学ぶということが、国立市民である若い主婦たちに公平に開かれてはいても、現実には、ほんのわずかな人たちが利用しているにすぎません。そう思うとことさら、子どもをあずけることも学ぶこともいいかげんにはできません。日々、親としての配慮をつくして、保育者と共同し合い、みんなでいっしょに子どもたちのことを考えていくことによって、毎日の暮らしのなかでは、地域社会の一員として自分に責任をもって社会にかかわるおとなになっていくことが、基本になると思います。そういう市民として、私たちの地域に公民館保育室がいつも基本的な役割を失わずに生き続けるように、いつもそれぞれの役割を点検し、気づいたことを伝え合って、市民としての立場から「公民館保育室はその基本的な役割を失うことなく運営されるべきだ」ということを、言い続けていく必要があると思います。

市民、保育者、公民館担当職員が、それぞれ共通の目的に向かって役割を分かち合い、それを果たしていけるように努力し、期待し合うとき、私たちは互いに育ち合い、公民館保育室は生き生きと運営されていくものと思います。

公民館保育室の発展とは

以上が、毎日の運営にあたって生かし続けていきたいこととして、私たちがいまの時点で確認し合ったことがらです。

ここで、公民館保育室の発展ということを考えるとき、私たちは「どんな公民館にも保育室があるのは当然」になることが、必ずしも「発展」であるとは思っていません。おとなも子どもも、女も男も、それぞれが独立した人格として自立し、互いに尊重し合ってともに暮らしていく。そういうことがあたりまえの地域社会になっていくことが、「発展」と言えると思うのです。公民館保育室は、ひとつのきっかけであり、問題提起でしかない。くにたちという、小さな町では、いままでのところこの方法が、とても有効に機能しているとしか言えません。

ですから、どんな公民館にも保育室があるのが当然かというと、私たちは、否と答えるしかありません。公民館保育室は、さきに確かめた基本姿勢と、それを具体的にあらわしていく運営があってはじめて成り立ち得るのだと思います。そうでないと、子どもを安易にあずけたり、あずかったりすることで、たちまちただおとなにとって便利なだけの子ども一時あずかり所となってしまいます。子どもをあずけあずかるということは、それほど大きなあぶなさももっているのではないでしょうか。私たちは、常にひとつひとつ確かめながら進まないと、いつでも危険をおかしてしまいやすいところに立っていることを自ら戒めとしたいと思います。

国立市公民館保育室の一四年にわたる運営のなかで、その時々にかかわった人たちが、直面したことがらにていねいに向かい合い、答えを育て続けてきた、その積み重ねの営みは、休むことなく続きます。そして私たちひとりひとりがその歴史の流れに参加するひとりなのだと、あらためて思います。この営みにいつも新しく加わる人がい続け、またすでに加わってきた人でも、学習や活動のさなかでわからなくなってしまったり、またハッと気がついたり、そんなことをくり返す平凡な人間同士であることを思います。だからことさら、私たちはこれからもずっと、あらゆる機会、あらゆる場をとらえて、その時点で気づいたことを伝え合い、確かめ合うことを、続けていかなければならないと思うのです。それぞれが、ばらばらに利益を得ていくのではなく、お互いに成長し合いながら、この保育室が存在する限り、市民と公民館がいっしょに、公民館保育室の意味を問い、なにが大事なのかを考え合う作業そのものをしっかり伝え継いでいきたいものです。私たちの公民館保育室が確かに歩み続けるために――。

（一九七七年一二月「保育室のつどい77」でのレポートをもとに）

二　学習としての託児——公民館保育室のあり方を考える

国立市公民館保育室運営会議

はじめに

小さな子どもがいてわずかな時間も自由にならない母親たちのために、その子どもをあずかって公民館での活動に加わりやすいようにはからう動きが、近年、各地にひろがっています。ことに私たちが住む東京都の各市では公民館には保育室があるのがひとつの常識のようになってきました。子育てのあいだは家にいるべきと切りすてられてきた旧来の「婦人教育」のあり方からすれば、このことだけでも大きな進歩と言えるでしょう。

けれども、ただ外に出にくい主婦のために条件をつくるという理由だけでこれを考えていてよいのでしょうか。外に出にくいのはなにも子どものいる主婦だけではありません。寝たきりの老人や長病みの病人、からだに障害を負うている家族を抱えている主婦たちも同様に、否、それ以上に深刻な、閉ざされがちな生活を強いられている現実があります。学習や趣味の活動どころか自分の健康を害しながら病院へ通うことすらままならない主婦たちがたくさんいます。そういう人たちのことを考えれば、限られた施設、限られた予算の枠のなかで幼い子をもった母親のためだけに専用室をつくり、公費で運営がまかなわれる保育室は、ともするとただ世の中の風潮に押されているだけの、根拠の薄弱な、特権的サービスでしかない——という批判を浴びてしまうかもしれません。

公民館保育室を狭義の「条件整備」のひとつとしてのみとらえていては、私たちはこのような批判にこたえることができないばかりか自らの活動の意味を見失ってしまうのではないかという危惧が湧きます。

そこで今回の事例報告を受けもつにあたって、私たちは、公民館保育室の活動をおとなの自己教育活動としてとらえる私たちの視点を提示し、その立場から〈子どもをあずける〉という営みがどのようにしておとなの成長につながるものであるかの事例を報告することで公民館保育室のあり方を互いに確かめるためのたたき台にしていただきたいと考えました。

さて、私たちの周辺を見まわすと、幼い子どもは家庭で母親とすごすもの、それが子どもにとって最も幸せな姿であるとする育児観が、いまなお根強くひろがっています。そして子どもが幼いあいだは母親は家に在って育児に専念するのが当然であり、女が仕事であれ、勉強であれ、趣味であれ、自分のことをするのは子どもを育てあげてから、という通念がまだまだ一般的です。しかし、これは、現在の子どもの暮らしの実態を見ても、また、女をひとりの人間としてとらえ、その人間的成長という視点から見ても、たいへん不自然で、不当な決めつけという他はありません。

人は、いつの時期にも、家庭という小さな枠を越えて社会のなかで人とかかわりながら互いの成長を支え合って生きていくことを妨げられてはなりません。ことに、いまのような閉ざされがちな家庭のありよう、母と子の暮らしのありさまを考えると、幼い子どもも、その母親である女自身も、ゆたかな人間関係のなかで育つことがもっともっと重視されてよいと思います。

また、学習というと、とかく知識を増やすことというイメージでとらえられがちですが、人とのかかわりのなかでより人間らしく生きていく力を身につけていくという見地から学習をとらえるならば、家のなかで、ひとりで本を読んだりテレビを見たりするだけではその力はとても得られません。人とのかかわりのなかで、その関係をよりよいものに育てながら自分も育とうとする共同学習を暮らしのなかに組み入れることが大切だと思われます。

私たちは、先にあげたような旧来の育児観や女の生き方についての固定的な通念、そしてそれらを前提とした女の学習のとらえ方に対する実践的批判のひとつとして公民館保育室の存在理由がある——と考えています。また、〈子どもをあずける〉という行為・体験を通して母親がその人間的成長を獲得できるように運営されるとき、はじめて公民館で子どもをあずかる社会教育的な意味が生まれるのだと考えます。

言いかえれば、公民館保育室は、子連れの主婦のために学習の邪魔になる子どもをあずかって肩代りをするところに意味を置くのではなく、これまでの差別的な女性観や、現今の閉塞的な家庭育児のあり方を洗い出し、女や子どもが置かれている状況を切りひらいていこうとする方向性においてその意味があるのであり、子どもをあずける営みを、社会のなかでより人間らしく生きていく力量を養うための学習活動のひとつとして位置づけ、実践する姿勢が、公民館保育室を運営する上で欠かすことのできない原則である——ということになるでしょう。

では、子どもをあずける営みを学習として位置づける活動とは具体的にはどのような活動をいうのか。そのなかでどのような力が培われていくのか。

今回のレポートは、その事例を報告することに重点をおきました。

レポートの作成にあたっては、私たちは、保育室運営会議を中心に、共同の学習としてこれにとりくみ、子どもをあずかる側とあずける側の双方から問題を照らし出そうとしました。そこでレポートは、あずかる側の立場から見えたことと、あずける側の実体験のなかでとらえたことがらの双方によって構成しました。

あずかる側の保育者の立場からは、母親の成長の姿がどのように見えるか。母親の成長と子どもたちの成長の関連のようすを中心に報告します。

あずける側からは、子どもをあずける営みのなかで、どのようなきっかけ、どのような場面で、自分や子どものなにが見えたか、具体的にふり返ってみることからはじめたいと思います。

また、助言者の藤村美津さんには、国立市公民館の「若いミセスの教室」等の講師として私たちの保育室活動にかかわっていただいている立場から、保育室の活動がおとなの学習活動として成り立つためにはどんなことが必要か、おとなの学習内容と保育内容との関連のあり方などについてもお話しいただければと思います。

（一）母親の成長と子どもの成長――保育者の立場から

子どもをあずけること、託児を学習ととらえる私たちの視点を明らかにするために、まず、最初は、子どもをあずけている母親たちが実際にどのように成長していっているか、子どもをあずかっている保育者の立場からはそれがどのように見えるかということから報告したいと思います。

よく、子どもを見れば親がわかると言われます。人にそう言われると、子どものいる人なら誰でも急いでわが子をかくしたいような気持ちになりますね。なにもそういうマイナス的な意味あいばかりではないのですが、子どもをあずかってみると、なるほど、子どもというのは、いろいろな形で親を背負ってきているものだなあと思わされます。子どもたちのしぐさやことばにも日ごろの親のようす、親との暮らしのようす、親子の間柄がしのばれることがたくさんあります。そして親の気持ちの動き、そのときの親の心のありどころが、ときには実に直接的にときには大変微妙に子どもに反映しているありさまを見るにつけ、私たちはいっしょに暮らしている親と子のつながりの力というものを改めて感じさせられています。

このように私たち保育者はその立場上、子どもを通して親のようすをうかがい知ることができる位置にいるから自然に親たちの成長の姿が見えるというふうにも言えるわけですが、もう一方では自然に目に映るというだけでなく私たちが努めて見ようとしているから見えるという側面もあります。と言うのは、いま言ったように親子のつながりのありようが、いろいろな形で子どもに反映していることがどの子の場合にもとても多いので、私たち保育者はわずか二時間しか接することのできないひとりひとりの子どものことをできるだけよくつかめるように、その手がかりのひとつとして親のようすも知っておきたいわけです。

また、子どもの保育をしていて気づいたことを親たちに伝えたり相談したりするときに保育者としてどんなことをどんなふうに伝えればいいか、ある程度、相手を知らなくては判断できません。ですから必要に迫られてというか役割上、親たちのようすに目をむけることにもなります。

こんなふうに保育をする上での必要から私たちは子どもだけでなく親たちにも目を向けますが、考えてみるとそういう理由の前に、公民館保育室の成り立ちから言っても、保育者が親に対して無関心でいたらその方が不思議というものです。幼い子どもを抱えた母親たちがひとりの社会人として仲間のなかで自分を伸ばしていこうとする、そういう活動を支えるのが公民館保育室なのですから、私たち保育者にとって、子どもの成長と共にその母親たちが人間的に成長していく姿こそが、なによりの喜びであるし、自分たちの働きの意味を確かめる一番のよりどころでもあるわけです。母親たちの人間的成長を願ってそのためには、どんなあずかり方、どんなかかわり方をすべきか——私たちは自分たちの働きのあり方を確かめるためにも一生懸命母親たちの成長の姿を見ようとしていると言ってよいと思います。

すっかり前置きが長くなってしまいましたが、このようにして私たち保育者が見つめてきた母親たちの成長のようすについて観察のままに述べてみることにします。

子どもへの心くばり

子どもをあずかって見える母親の成長——それは、やはり子どもへの心のくばり方の変化として私たちの目にあざやかです。

保育室に来る子どもたちは親から二時間も離れてすごすのは初めてという例が大半です。また、そうでなくても初めての所、初めての相手に託すのですからどの親にとっても心配や不安があって当然です。それに泣かれたら困るという緊張や迷惑をかけたくないという私たちへの遠慮もあるようで最初はそそくさと子どもを置いて行ってしまったり、「すぐ来るから待っててね」とか「泣かないでおりこうにしているのよ」と保育室の入口で言い聞かせる親がほとんどです。そういう親の態度がかえって子どもを不安にし緊張させていることにはまだ気づいていないようです。と言うより、親自身が心配と緊張感で一杯でよく心が届かないのだと思います。ですからこの時期、私たちはまず、子どもの不安や緊張をとき、子どもの気持ちが安定するように安心できるようにということに保育の重点をおいて、しっかり抱いてやったり自分から気持ちをおちつかせることができるように、ゆったり対応することに心がけます。と同時に親にも少しずつ泣く時間が短くなっていっていることとか、泣きながらも友だちに目を向け出したとか、オモチャに手を出しはじめたとか、だんだん子どもが安定していっているようすを一回一回伝えて親が自分の心配をとり除けるようにします。

また、この時期は「やっぱり、かわいそうだった」とか「無理かしら」と親がためらったり悩んだりする時期でありながら、多くの場合まだ親同士でそのことを話し合える状態にはなっていないころなので、努めて「みんな、こういう時期があるのだから」とか「ここで休んだりする方が子どもにとってかわいそうだから」と話しかけ、休まずに通い続けてほしいと励まします。

そうやって親も子もそれぞれにがんばって休まずに通ってくるうちに、子どもたちはまず私たちになじみ、次第に泣かずに自分から保育室に入ってくるようになります。そして前にした遊びをおぼえていてまたしたがったり、友だちの顔や名前をひとり、ふたりとおぼえはじめます。私たちはそういう変化を親に伝えます。また、そうなるころには家でお友だちのこと、保育室での遊びのことが子どもの口からひんぱんに出るようになったり、保育室へ行くのを喜ぶようになるようです。そんなようすがしばしば親たちから伝えられます。そんなふうに、子どもたちが変わっていき、その変化に目をとめて親の気持ちにゆとりが生まれていくころ、親たちの子どものあずけ方にいろいろな変化が見えてきます。

まず、連れて来かたが変わります。ただ連れてくるのに精一杯だった人たちも、ゆっくり子どものペースにあわせて歩きながら「○○ちゃん、いるかな」とか、「きょうは、なにをして遊ぼうか」と子どもに語りかけ子どもの気持ちが保育室に向かうように目的や期待をもって保育室に入っていけるように心をくばっているようすがかいまみられるようになります。

また、よちよち歩きの子でも親が抱いたまま手から手へと保育者に渡すのではなく、たとえ少しの距離でも子どもが自分で歩いて入っていくように計らう。

なんでもないことのようですがこんな心くばりも初期にはなかなか見られない光景です。そして「我慢していてね」という感じで子どもと別れていた人たちも「お母さんはお友だちと勉強してくるから○○ちゃんもお友だちと遊んでいらっしゃいね、行ってきます」とさわやかに変わっていき、子どもも「バイバイ、行ってらっしゃい」とお母さんを見送ることができるようになります。お迎えのときも同様で、以前なら「かわいそうに、ごめんね」という感じで引きとりにきて、そういう決めつけで子どもを抱きとっていたのが、子どもが出てくるのをゆっくりと見守るように迎え、子どもの表情や子どもの言葉にしっかり目をとめるようになっていきます。体を低くして、子どもの顔に自分の目の高さを合わせて迎えようとする親たちの姿は文字通り親の姿勢がはっきりあらわれて、このころ特に印象的です。

また、子どもの服装や持ち物への配慮にも変化があらわれます。それは運営会議などで子どもたちのようすを私たちが報告したり、他の親たちが自分で気づいたことをいろいろと話すのを聞いて、それぞれに思いあたって配慮が変わっていくことが多いようですが、たとえば、子ども自身で自分の持ち物を見分けることができるように、ちょっとした目印をつけてやるとか自分で脱いだり着たりしやすいデザインの服を着せるようになったり、子どもの保育室のなかでの状態をきちんと見通した配慮が見うけられるようになっていきます。

そして、たとえば、よそいきの服装で来ていた子が遊びやすい普段着でくるようになったら途端に遊び方から声の出し方まで活発になるというように、そういう親の配慮の変化は驚くほどストレートに子どもの上にあらわれます。

私たちはそんな事実を見るたびに、親のちょっとした配慮がどんなに大切か、保育室での子どもの生活を楽しい豊かなものにする上で、いかに親の力があずかって大きいか、改めて知らされるのです。

さて、いま、子どもの連れてきかたの変化についてお話ししましたが、そればかりではなく、子どもの生活全般にわたって親の心くばりが変わっていくことにも私たちはしばしば心をゆすられます。保育室へ来るときだけ、その日だけの特別の心くばりに終わるのではなく、保育室へ来ることがきっかけとなり、その日の心くばりが軸となって、いまでは毎日の暮らしが変わりました、とはたくさんの親たちから聞かされる言葉です。

たとえば、保育室に機嫌よく通うためには、充分に眠った後、朝早くさわやかに目ざめて、朝食も排泄もゆっくりすませ快い体調でやってくることがなによりも大切です。ねむかったり疲れが残っていたりせかされて来ては、とても楽しめるものではありません。幼ければ幼いほど体調がすべての基本と言っても言いすぎではないと思います。そして、こんなことは、わざわざ取り立てて言うほどのこともない極く当たり前のことです。けれども、この極く当たり前のことが核家庭のなかだけで子どもを育てているときには外からの規制がないだけに、つい、なおざりにされることがあるようです。これまでは親の都合のままに夜ふかしにつきあわされたり、朝寝をしたりしても、それでどうということもなく過ぎてしまっていたのでしょう。保育室に通うことになって、それは保育室に来る日だけ早起きをすればいいという問題ではないことに気づき、そんなこれまでの暮らしが子どもにとって不健康だったと気づいた、と言う人が少なくありません。

勿論、それは生活時間のことだけでなく、生活のいろいろな面についての点検にひろがっていきます。そうして、日ごろの生活そのものを変えていく努力がはじまっていきます。

こういうことは、聞けばまことに素朴な変化で、つい、「そんなことを」と軽く見てしまいがちですが、でも私たちは素朴であるだけにとても大切な変化、生活の基本、育児の基本にかかわる重大な認識の変化、成長だと思うのです。

まず第一に、育児と限らずこのごろはなんでも断片的なハウツウ的知識を取り入れて、その場その場でことを処理していく傾向が強いと思うのですが、その場だけのこと、そのときだけのことという見方ではなく、もっと深い根のところから問題をとらえ、そこから変えていこうとする姿勢。

第二には、なんでもない日常の暮らし、その積み重ねの大切さにしっかり目を据えて育児の課題をとらえ直したこと。

そして第三には、自分の暮らしを見つめ自分で批判しその批判を生活のなかで行動によって自ら乗り越えていこうとしている点において、私たちはそのような母親たちの努力を素直で初々しい成長の姿として心から尊いものに思っています。

子どもを見る視点

ところで、これまで述べた親たちの変化、成長はあくまでもわが子に、わが子だけに視点を据えて子どもを育てること、子どもが育つということをとらえている。そういう範囲内での変化、成長です。その視点が次第に変わっていくことで子どもへの心くばりがまた一段と変わっていく、その姿を次に述べてみます。

この視点の変化は、たとえば、「若いミセスの教室」などの学習によって動機づけられたり方向づけられたものだとうかがわれますが、子どもを見る眼がその子ひとりを周りから切りはなしてとらえるのではなく仲間関係のなかでとらえる、関係を育てるという視点からとらえるように変わっていくと親たちの心くばりは子ども同士のつながりを大切に育てようとする方向に力を入れて働きはじめます。（もっとも、私たち保育者が気づくのはそういう親の心くばりの具体的な変化をみて、子どもを見る親の視点が変わってきたことをうかがい知るという順番になるのですが——）

たとえば、ひとりの子どもが風邪で保育室を休むとします。そういうときは勿論、親から事前に連絡があるので私たち保育者は承知しているわけですが、グループによっては他の子どもたちもすでにそのことを知っているということが珍しくありません。それは休んだ子の親が自分の欠席を仲間たちに連絡して、それを受けた親たちがまた、それぞれにわが子に伝えているからです。ことがらとしては、たったそれだけのことですが、このことが子どもたちの上にもたらす意味は決して小さいものではありません。

その日、その子と遊ぼうと期待していた他の子どもたちは、どうしてその子が休むことになったのか、納得のいく説明を親から受けて、相手の子が一方的に約束を破ったわけではないことを知り、お互いの信頼関係をそこなうことがありません。

また、「○○ちゃん、風邪が早く治るといいのにね、遊べなくてかわいそうね」というような親の言葉によって友だちとの気持ちのつながりを結び直すことにもなるでしょうし、それは友だちの病気を思いやって、そのことを親と共感する場面にもなるでしょう。

自分がお休みをするときには友だちにちゃんと伝えることの大切さ、自分が休めばまわりの人たちがこんなふうに心配するのだというようなことをも、こうして体得していくのではないでしょうか。

子どものつながりを大事にすることで、子どもの心のなかに大切なものを育てている場面だと思います。

こういうことは、はじめは無自覚になにげなくしていたのかもしれないのですが、その大切さを親がしっかりつかんでいくと今度は意識的に働きかけることができるようになっていきます。

このあいだの運営会議で紹介された例なのですが、順子ちゃんという二歳の女の子がネツで休むことになったとき、順子ちゃんのお母さんは同じグループの健ちゃんのお母さんに電話をして「この前、保育室の帰りに健ちゃんと順子が〝また遊ぼうね〟って約束していたから、健ちゃんがガッカリしないように順子がネツだってことよく話しておいてね」と伝えてきたのだそうです。健ちゃんのお母さんは「うちの子のことを考えてくれて」ととても感激していました。そして、それを聞いたみんなは順子ちゃんのお母さんの働きかけは健ちゃんのためでもあるけれど順子ちゃんのためでもあるのではないか、つまり子どもたちの関係を支えるための配慮として、とても素晴らしい働きかけだったと受けとめていました。

子どもをひとりずつバラバラに見て配慮するのではなく仲間関係を育てていこうとする視点に立って、わが子にも他の子にも働きかけることができるようになっている順子ちゃんのお母さんの成長。その成長が健ちゃんのお母さんに受けとめられ運営会議に出席していたたくさんの親たちに受けとめられて、もうひとつ確かなものになっている。親同士の関係もそこでもうひとつ質的に発展していっている。その運営会議に同席して親たちのやりとりを聞きながら私たちは、これが親たちが育っていっている場面だと実感したものです。

このような親たちの成長は当然のことながら一刻もとどまってはいません。こんなふうにひとりの親の成長が連鎖反応的にひろがり確かなものになっていくと、やがて個々の親の配慮がひとつにつながって、とても大きな力を生み出して次の段階にすすんでいきます。

火曜日の午後は二つのグループがいっしょに子どもをあずけています。あるとき、一方のグループが都合で活動の日を木曜日に移すことになりました。来週はお別れという日、私たちが子どもたちにそのことを話そうとするともう子どもたちはみんな知っていました。そして、どの子も心から互いの別れを惜しんでいるのです。親のグループは、それぞれ別個に活動しているのですから、動く方も残る方もともすると自分のグループのことだけを考えがちだと思うのです。それなのにこの二つのグループは、どちらもそれぞれの子どもたちに、みんなできちんとそのことを伝えていました。そういう力量を二つのグループがどちらもグループ全体で身につけていたことに私たちはとても感激しました。

　その二つのグループは、ひとつは長く活動をしているグループ、もうひとつは生まれてまだ日の浅いグループだったのですが、長く活動を続けてきたグループのそれまでの力の蓄積が、そんなふうに新しいグループと手を携えて発揮されたのです。ひとりひとりの親が互いを育て合うだけでなくグループとグループが育ち合っている具体的な例のひとつだと私たちは思っています。比較的短い時期しかいっしょにいなかったのに二つのグループの子どもたちが、こんなに深く結びあっているのは、そういう親同士のつながり、親のグループ同士のつながりがあったからこそと、私たちは、別れを惜しみあっている子どもたちの姿を見つめたのでした。

　このようにグループ同士が互いに育ち合っていくダイナミズムは更にどんどんひろがっていきます。

　たとえば、いまではすっかりみんなの常識のようにさえなっていますが夏休みや春休みなど長い休みのあいだに、子どものつながりがとだえないように、保育室が遠いものにならないようにという配慮から子ども連れでときどき集まるということが、どのグループでも行なわれるようになっています。そういう親たちの配慮が徹底してきているので、休み明けの久し振りの保育にありがちな後戻り現象がいまではほとんどなくなっています。それは親たちが心をそろえて配慮をすると、それがそのまま子どもたちの上にあらわれる見本のようなもので本当に目をみはるばかりです。

　これは勿論、休みのあいだに集まったというそのことだけの効果だとは思いません。その背後に流れている子どもたちの気持ちや関係がとだえないようにという親の心くばりが、家庭のなかでも保育室のことをしばしば話題にするとか、保育室に行っているときと同じように生活のリズムを保つとか、いろいろな形で自然にあらわれてもいたでしょうし、みんなで集まろうとする動きは、おのずから仲間との行き来を日常的なものにさせているのでしょう。そういう暮らしの総体が力になって子どもと保育室の関係、子ども同士の関係をしっかり支える結果を生んでいるのだと思います。そして私たちも極端に言えば休みのあいだに集まるということそのものよりも、そういう暮らしができてきているということのほうが大切だと思っています。ひとつの行動の背後にある普段の暮らしのあり方のもつ大切さ、その力の大きさをうかがい知るひとつの場面として私たちは、休み明けの子どもたちの安定ぶりをとらえたいと思うのです。

　そして、こういうふうに暮らしのあり方そのものが変わっていくときこそ人間の本当の成長があるのではないかと思うので、母親たちがそこのところから変わっていっている姿を見るにつけ、私たちは、これが人が育つということなのだなあと強く感じさせられています。

母親の成長と子どもの成長

　さて、いままでの例でもわかるように人が育っていくとき、その成長はその人ひとりのものにとどまらず、いろいろな形で周りに波及し、周りの人たちの成長を呼びおこしていきます。それは母と子のあいだでことさらに著しいというのが私たちの観察です。そこで次には母と子のつながりという角度から、その成長の姿を見てみたいと思います。

　母と子の関係という観点から、その成長の姿を見て、大変特徴的だと思うことのひとつは、子どもの成長と母親の成長が、しばしば同一歩調ですすんでいくという事実です。

　たとえば、「若いミセスの教室一四期」に参加して初めて保育室に来た理恵ちゃんとそのお母さんの例で話してみましょう。

生後七ヵ月だった理恵ちゃんは、始めのころそばで大きな声がしただけでビクッとして泣き出したり、誰かと目が合っただけでも、泣いてしまうような子でした。いつもひとりの保育者にかじりついたまま、不安に体を固くしていました。そんな状態から少しずつ周りを見ることができるようになり、自分から積木に手を出しタイコをたたきながら、その音が少しずつ力のこもったものになっていくというふうに、少しずつ少しずつ時間をかけて変わっていきました。目が合っても泣かないだけでなくニコッと笑うようになるまでには、それでも二ヵ月近くかかったでしょうか。そしてあるとき、もうそれは三ヵ月たとうとするときでした。理恵ちゃんが他の子どもたちといっしょにブランコに乗ってはなうたを歌っているではありませんか。また、ブランコから降りると今度は、友だちとスベリ台の階段を自分で登っていこうともしていました。友だちのすることを見ながら一生懸命です。すっかり一人前に保育室の仲間になっています。その楽しそうな顔。まるで固いつぼみだったのが、やっと花を咲かせたというような印象でした。これまでの理恵ちゃんを思って、私たちは嬉しくて嬉しくてその日の保育のあと、理恵ちゃんのかわいらしかったようすを口々に話しました。

すると、その場にいた「若いミセスの教室」の講師の藤村さんや職員が「教室」での理恵ちゃんのお母さんのようすについて話してくれました。それによると、お母さんも、初めはとても緊張していたし、人の話をじっと聞くのが精一杯という固い感じだったけれど、このごろはとても表情が生き生きして自分から発言することが多くなってきているのだそうです、発言するときには自分の考えを確かめるように言葉を選んで発言していること、それもひとりよがりな言い方でなく、周りに目を向けながら、そのつながりのなかで焦点の定まった発言になっているということでした。また自分から発言してその発言によってその先が開かれ、また次の発言が自然に出てくる――という感じなのだということでした。

講師から聞く理恵ちゃんのお母さんのようすは、まるでそのまま、保育室の理恵ちゃんのようでした。理恵ちゃんも、周りの子どもたちのようすを見て、自分もそのなかに入っていこうとするようになり、仲間のなかで自分を確かめ、自分のカラを破っていこうとしているのです。

このころ、私たちの目から見ても、理恵ちゃんのお母さんは、初めのころの不安からくる緊張がとけて、生き生きとしたゆとりが感じられました。以前は理恵ちゃんのことしか目にうつらないようすだったのに、他の子に声をかけたり、他の人の帰り支度に手を貸してあげたりしていました。

私たちは、そんなようすに目をとめて、そういうお母さんの変化と、最近の理恵ちゃんの安定した感じは決して無関係ではないと思っていました。ですから、講師から理恵ちゃんのお母さんのようすを聞いて、いっしょに暮らしている母と子が足並みをそろえて伸びていくという印象をますます深くしたのでした。

このように母と子が同一歩調で成長していく姿は、私たちにとって感動深いものですが、最近もとてもあざやかな母と子の変化に出会いました。それは、一組の母と子が、それぞれに仲間との結びつきをもったことで、急激に変わっていった例です。

ちょうど、そのことをご本人が「保育室だより」（一九七九年一〇月）に「からだ全体で聞こえたことば」というタイトルで書いてますので、みなさんもお読み下さったと思いますが、その高橋さん母子のことを、ちょっと話してみます。

一歳九ヵ月のふみちゃんは、保育室に通うようになって三ヵ月になるのに、ひとりの保育者のそばから離れようとしません。他の子どもたちへ関心を示そうともしません。でも私たちは、ふみちゃんはその保育者とは遊べるのだから保育室の子どもたちともきっと遊べるはずだと思いました。子ども同士で遊ぶ楽しさを味わってほしいと思いました。そこで、ようすを見ながら保育者の打ち合せ会でも何度も話し合ったり職員とも相談して、私たちは、ふみちゃんのお母さんに、たとえば保育室仲間の順ちゃんたちとふだんもっと遊ぶ機会を作ってはどうだろうか、と相談しました。その一方、職員からは順ちゃんのお母さんにも話してもらいました。

その後のことは高橋さんの文章の通りですが、やがて次の週、ふみちゃんは順ちゃんといっしょに手をつないでニコニコしながらやってきました。先週までは、あんなに泣いて保育室に入るのを嫌がっていたのに、順ちゃんと二人でお母さんにバイバイと手を振って入ってきたのです。

私たちは、そんなふみちゃんの変化に、ただただびっくりしてしまいました。

それからのふみちゃんは、保育室に来るたびに嬉しくて仕様がないという感じが一杯です。いままでの分を取り戻すかのように保育室のなかをピョンピョンとびまわっています。

私たちも、そんなふみちゃんの変化が嬉しくて、次の運営会議でこの間のことを話しました。その場には、ふみちゃんのお母さんの高橋さんも出席していました。すると、高橋さんと同じ「若いミセスの教室一五期」の人たちが、「ふみちゃんも変わったかもしれないけれど、高橋さんこそ、とても変わったんですよ」と言いました。

ふみちゃんへの心くばりが変わっただけではなく、仲間との関係のもち方が積極的になってきたこと、「教室」での発言もとても内容がはっきりしてわかりやすい、ものの見方や考え方が人と違うときでもその違いをきちんと指摘するようになった。前は声も小さかったし、人とあまり目を合わさないでものを言うような感じだったのに、声まで変わった、きれいになった、と口々に言うのです。

私たちも、このごろの高橋さんは、明るくのびやかになって、私たちと話すときの表情に自信のようなものさえうかがわれて清々しく思っていましたので、「教室」の仲間の人たちが高橋さんの変化について語るのを聞いて、なるほど、さぞかしそうだろうと納得できたのでした。そして仲間の人たちが、我がことのように高橋さんの成長を誇らしそうに喜んでいるようすを、私たちはとても好もしく嬉しく思いました。

勿論、こういう例は、ふみちゃん母子だけではありません。これまでにも、いまも、いろいろな母と子がいろいろなきっかけをつかんで互いに作用しあい、その成長を促し合っています。そして、親たちのグループのなかで誰かの成長ぶりが高く評価されているとき、保育室のなかでも、子ども仲間がその子の著しい成長を喜びあっていることがしばしばです。

こうして、私たちは、ちょうど子どもも親も、どちらをも見ることができる位置にいるために母と子の成長の同時性や、その相関性をつぶさに見ることができるわけですが、そのありさまを見るにつけ、この相関性にこそ公民館保育室の意味があるのだという思いを深くします。

この相関性は、人が成長するとき、たんにひとりで成長したり、子どもだけが育つのではなく、母と子の関係が育つ、仲間関係が育つ、そのなかでひとりひとりが成長していくのだということを、私たちに具体的に示してくれていると思うのです。

そして、このような母と子の姿を目のあたりにすることで、私たちは、母親が自分を育てようとすることと、子どもを育てることが、決して別々のものであったり、対立するものではなく、ひとつのものであり、お互いに支え合うものであるということを、事実を通して、確かめることができたように思います。

(二)　子どもをあずけて見えたこと——親・市民の位置から

こんどは、公民館保育室に子どもをあずけて学ぶ者の立場から、保育室に子どもをあずける体験を、私たちはどのようにしておとなの学習活動として自分のなかにとりこんでいったか、とりこんでいるかということについて報告したいと思います。

小さい子ども連れで通い続けるということは、子どもの状態と自分の状態を常に塩梅しながら二人三脚のように、一歩一歩着実に地に足をおろすような努力を要します。子どもという生ま身の人間を、生ま身の他人である保育者たちにあずけるという営みは、さまざまなハプニングに出会うことでもあり、互いの気持ちのゆきかいもあることで、それだけにさまざまに自分の力を試めされ、配慮をつくすことになります。そんななかで必要に迫られてひきおこされた自分の言動が保育者に、職員に、仲間に、子どもたちにぶつかって返ってくるそれぞれの場面でハッとしたり、とても考えさせられたり、心の奥に響くようなことがたくさんありました。日々出会う小さなできごとや、一見なんでもないことのようにみえることがらを通して、私たちはいろいろなことに気づかせられ、考えさせられ、少しずつ暮らし方が変わりました。そしてそれらのひとつひとつが、幾重にも積み重なりつながり合って子どもをあずける体験が私たちのなかにさまざまな力を育てていった、生き方を変えていった――というのが、私たちの実感です。

そこで、今回このレポートを準備するにあたって、私たちは、いま子どもをあずけている最中の者だけでなく、かつてあずけていた人たちもいっしょになってどんなときにどんなことに気づいたか、どんな場面でどのように考え方やものの見方をひらいていったか、自分たちの体験を出し合いあらためてその節目、節目をたどってみました。そうすることによって子どもをあずけるという営みが私たちあずける者にとってどのようなことを見つめる学習であるか、どのような力を身につける自己教育活動であるのか、確かめたいと考えました。

自分の姿

さて、私たちにとって子どもをあずけることによって見えたものはなにかとふり返るとき、まず自分というものが見えた、自分自身の姿を見つめる営みであったと言えます。それが私たちの学習の第一歩でした。当初、子連れで公民館に通い出したころの私たちは、ともかく毎週決まった曜日に、決まった時間家をあけるということだけでも大変なことでした。家事を手早くすませ、親子で身仕度をし、忘れもののないように、時間におくれないように子どもの機嫌を良くして通う。もちろん自分自身のグループ活動への心の準備もあるわけですから、たった週一回のことなのにとても気苦労を要する大仕事になってしまうのです。いままでそれほどちょっとした緊張もけじめもない暮らしをしていたのかと我ながら驚きました。

　また、続けて通うということもなかなかできにくいことでした。子どもや自分の病気の場合は仕方がないとしても、ちょうどその日に来客があることになったり、社宅の共同掃除などと重なったり、なにかと行けない事情が生じます。そういうとき、私たちはほぼ自動的にその日の出席を断念していました。そして、前もって、あるいはその日になって公民館に欠席の連絡をすると、職員からとても残念そうなことばが返ってきたり、「そんな理由ならなんとか都合をつけて出席できないだろうか」と言われたりして、とまどった経験をもつ人が大勢います。運営会議の席などで、「そんなふうにおとなの都合で休むのは子どもにとってかわいそうだ」と言われてハッとした人も少なくありません。

　それまでの日常のなかでは、なにかがあればいつでも主婦である自分の予定や計画は変更するのが当たり前だったのです。それに休むというようなことは全く個人のこと、自分さえ気持ちのケリをつければいいこと、欠席の連絡をすれば向こうはだまって了承するものと思いこんでいました。

　ですから、思わぬ反応が返ってきたことで、あらためてそれまでの自分の暮らしのあり方や生活感覚といったようなものにも目をとめることになりました。そういう自分の暮らしのあり方が子どもの生活のリズムをもふりまわしていること、そしてそのことにさして気をとめてみることもなかった自分、また欠席を残念がられる、つまり他人にそれほど待たれているということのなかった自分の暮らし、そういう自分の暮らしのあり方に疑問をもつこともなかった私たちでした。

　また、こんなことも誰もが経験したことです。運営会議に出たり、「保育室だより」を読んだり、あるいはふだんの接触のなかで、私たちは、保育者や他の人たちの子どもの見方や接し方について見聞きしますし、「若いミセスの教室」などの学習のなかでも講師のお話や、仲間との話し合いを通して育児のあり方を学んだり、子どもの成長と生活のあり方のつながりのようすなどを具体的に知るチャンスに接します。それによって私たちは、それまでの自分の育児のあり方、子どもの見方の至らなさやかんちがいに気づくこともたくさんありましたし、「自分だけの悩みではない」とか「こういう見方もあった」と励ましを受けることもありました。私たちは、この時期、家のなかだけでひとりで子どもを育てて、こういうことも知らずにいたらとりかえしのつかないことになったのではないか、いま気づけてよかったと口々に言い合ったものです。

また、子どもをあずけるという行為でこんなこともたくさんの人が経験しています。

自分が見ていない保育室のなかでわが子がどんなふうにしているか。よその人から見てウチの子はどうか、どの母親も気になるところですが、あずけはじめのころの私たちは、子どもを保育室に迎えにいったときや運営会議などで保育者に向かって「ウチの子はどうでしょうか」と無造作なたずね方をします。そこで、保育者たちからどんなことが気になっているのか、家ではどうなのか、そのことを親はどう思っているのかなどと聞き返されるようなことがあると、もうどう答えてよいのか、なにを自分が聞くつもりだったのかわからなくなってしまったりしました。

保育者に伝えておく必要のあることはメモにでも書いてわたしてほしいと言われても、見ればわかるようなことを書いてみたり、よけいなことを書いたり、やたらに長々と書いてしまったりしました。なにを伝えなくてはいけないか、どう書けばいいかわからなかったり、いつまでもピントはずれのメモをわたしていることになかなか自分で気づけないでいるというようなことも珍しくないようです。

ということは、私たちがわが子のことはよく見ているつもりでいながら事実をきちんととらえていなかった、漠然としか見ていなかったという証拠のようなものでした。わが子を育てるにあたってどういう事実をつかんでいるべきか確かめたり、それを要領よく正確に人に伝えるとか、たずねるとかいうようなことは、自分だけで子どもを育てているときには必要ありません。保育者に伝える必要が生じてみてはじめて、自分の子どもについてのとらえ方のあいまいさがはっきり浮き出てしまったのだと思います。そこには保育者に対する私たちの見方、子どもをあずけるということについての私たちのとらえ方もあらわれているようです。保育室での生活を子どもにとってよりよいものにするために親としてどういうことをしたらいいか、保育者とどのように協力したらいいかとは考えないで、まるでおまかせしっぱなしで平気でいたり、母親である自分の代わりに子どもを見ている人というような目で保育者を見ていたから、だから保育者になにを伝えるか、なにを聞くかという焦点が定まりにくかったのではないでしょうか。

考えてみると、私たちは保育室に通うにあたって、持ちものはこれこれ、時間に遅れないように、休むときは連絡をしなくてはいけない、というようなきまりを守ることで精一杯というか、落ち度のないようにしなくてはというとらえ方でした。きまりさえきちんと守っていれば大丈夫というような気持ちだったかもしれません。しかし、先にも言ったように生ま身の子どもたちおとなたちがかかわっている保育室のことですから、始終ハプニングにみまわれ、きまりを守っていればすむというようなわけにはいかない場面が次々に出てきます。そんななかで、なかなか応用がきかなかったり、的確な判断ができなかったり、人の言動をきちんと受けとめられなかったり、テキパキ動けなかったり、自分では知らないでひとりよがりなふるまいをしてしまっている自分に気づいて、家のなかにばかりいたからこうなってしまったんだろうか、人とのかかわりをもっていなくてはだめだなあと思わせられることがしばしばありました。

——まだまだありますが、こんなふうに私たちは、子どもをあずけるという行為を通していろいろな角度から自分というものの姿を見せつけられてしまいます。そしてそのなかでも私たちにとって特に重要な意味があったと思われる発見は、大まかに言って次の二つです。

そのひとつは、いま多くの幼い子どもと母親がそうしているような家庭での育児のあり方、母と子だけで暮らしている生活のあり方は、実は子どもにとっても、また女にとってもとても狭いいびつな暮らしであるということに気づいたこと。

もうひとつは、人とのかかわりをしっかり結んでいくなかではじめて子どももおとなも人間的成長を獲得することができるということ。人生のいつの時期にもそういう生き方をすることが大切だということをつかんだことです。

そこで、次にはこの二つについて、なるべくどこの保育室でもおこるような場面、多くの人たちが出会いそうなことがらを例にしながら考えてみたいと思います。

家庭育児の現実

母と子だけの家庭の暮らしから一歩踏み出して公民館に通い出した私たちは、週たった二時間とはいえ、おとなはおとな同士、子どもは子ども同士、それぞれのときを過ごすという体験をもち始めました。はじめ、私たちの意識のなかでの二時間は、「子どもが小さいうちは母親でなければ」という思いこみの延長においてほんのわずかの例外の許容時間のようなものでした。「集団になれさせたいから」というようなことは言っても「少しのあいだだから待っててね」というような思いで子どもと別れ、二時間が終わるとどんなにか待ちわびているだろうと迎えに行くというふうでした。ところが、はじめのうちは不安そうに体をこわばらせたり、泣いたりした子どもが、何度か通うにつれて、とても変わったようすを見せるという事態に多くの母親が直面しています。公民館の近くへ来るとかけ足になって母親より先に保育室にたどりつく子ども、親の方をふり向きもしないで保育室にとびこんでいく子ども、迎えに出た保育者に自分の方から体をのり出すようにして抱きとられていく子どももいます。そして二時間を終えて迎えに行くと、いつも家では自分が相手にならないと遊べないわが子が、大勢の子どもたちといっしょにほおを紅潮させてとび出して来ます。汗いっぱいかいて遊んだ満足感を湛えて保育者に「またくるね」と言っている子ども、保育者の首にまつわりついてなかなか離れようとしない子ども、保育室でのことを得意そうに話し出す子どももいます。家でもこれまではしなかったようないろいろな遊びをするようになり「おばちゃん」のことや「おともだち」のことがしばしば子どもの口から出るようになります。

これらの子どもの変化は、私たちにとって意外なことでした。子どもの生き生きとしたようすは、とてもはげみとなり、うれしく思う一方で、自分がいなければなにもできない、子どもにとっては自分が全てなのだと思いこんだり、またそうでなければいけないと気負っていたのに、内心なにかよりどころをうばわれたような感じでもありました。

また運営会議などで、だれかが自分の子どものことをきくと、保育者たちはたちどころに「ああ、○○ちゃんですね、○○ちゃんは……」とその子のことをとてもよく知っていて具体的な事実をあげて応えてくれます。大勢いるからうちの子のことをおぼえていてもらえるだろうかという不安もどこかにあった私たちには、大変うれしい驚きです。しかも、保育者たちは、子どもたちの成長のようすを、わがことのようにとてもうれしそうに話してくれるので、私たちはよく見ていてくれるといううれしさと共に保育者に対する信頼の気持ちをふくらませていきます。そして、いわば他人である保育者たちがこんなふうにわが子のことを思って、一生懸命育ててくれているという事実を目のあたりにすることで私たちは、子どもが小さいうちは家庭で母親が育てるのが一番と思っていたけれど、それは、どうもそうではないようだと思いはじめるのでした。

それは、まだ歩くこともできないような赤ちゃんにもあてはまることでした。そのころの母親の多くは、はじめは保育室では眠っていてくれた方がいいと思うのです。眠っていれば、自分と離れたことで泣くこともないし、保育者もその方が楽にちがいないと思ったりしました。ところが保育者はそんな私たちに「せっかく友だちといる時間なのに眠っていてはもったいないわねえ。保育室に来るときは目をさましている時間になるような生活のリズムに少しずつ変えられるといいのだけれど」と言います。私たちはびっくりしてしまいます。いままで、せっかくの時間なのになんて、口もきけない自分の子が他の大きな子どもたちと友だちだなんて考えてもみませんでした。起きているときは、親でさえ、手がかかって大変だと思っているのに、保育者の方から「眠っていてはもったいない」と言うのだから、これはよほどのことだと、生活のリズムを工夫することになります。

　そして、それら一歳にもみたない赤ちゃんたちが、手を触れ合って喜んだり、友だちの方へ近づこうと必死で体を動かしたり、また保育者に抱かれてリズム遊びなどにも全身で参加しているようす、大きな子どもたちがおそるおそるさわって自分たちの仲間にしていくようすなどが、お迎えのときや、運営会議の席で保育者たちの口から伝えられます。

　また「保育室だより」の〝保育室のまど〟というコーナーは、いつも保育室の子どもたちのようすが保育者の手で描かれていて、私たちが家庭では見られない子どもの姿を知る大きな手がかりのひとつになっています。たとえば去年（一九七九年）の一〇月号の「保育室だより」に、載っていた「拍手」と題した次のような文があります。

「九月から火曜の午前の子どもグループに、新しい友だちがふえました。その中のひとりみきちゃんは一歳一一ヵ月の女の子、最初の日も二回目も泣きました。その二回目のおやつの時、みきちゃんも保育者に抱かれてみんなと一緒のテーブルにつきました。いつものようにお友だちみんなで『〇〇ちゃん』『ハーイ』と順番に名前を呼んでいって、みきちゃんの番になったときです。みんなに名前を呼ばれると、みきちゃんもみんながするように手をあげて『ハーイ』と大きな声で返事をしたのです。子どももおとなも思わず『ワーッ』と声をあげて手をたたきました。それまでみきちゃんがだいぶ泣いていたので当然返事はしないだろうと思っていたのです。なかでも、みきちゃんのすぐ隣にすわっていたななちゃんの喜びようときたら……。『みきちゃんも返事ができたよ』『みきちゃんも返事ができたよ』と告げるように私たちの顔をみて一生懸命手をたたいていました。そのななちゃんの様子に、ほかの子どもたちもより勢いづいて手をたたいていました。私たち保育者は、返事をしたみきちゃんにももちろんですが手をたたいて喜ぶ子どもたちに、ななちゃんの感激に力いっぱい拍手を送ったのでした。」

——このように家庭のなかだけでは見ることのなかった子どもの成長の姿を折あるごとに知らされることで、私たちは、幼いときから仲間のなかで互いに育ち合っていくことの大切さ、すばらしさを感じとっていきました。

また私たちは家庭育児のなかでもっと直接的に知らず知らずのうちに子どもたちの成長を奪っていたということに気づく場面もたくさんありました。

たとえば、二歳の耕ちゃんの母親が、ある日保育室に迎えに行くと、保育者に「くつ下のゴムはもう少しゆるい方が耕ちゃん、はきいいみたいですよ」と言われました。保育室のなかでは遊びに入る前にすべらないようにくつ下を脱ぎ、帰りの仕度をするときまたはくのですが、その母親は耕ちゃんが自分でくつ下を脱いだりはいたりできるということを、このときはじめて知ったのです。保育室では、子どもの「自分で」という気持ちや行動を大切にするという子どもを育てる上での原則がひとつひとつの場面で大切にされているのでした。その母親も頭のなかではわかっているつもりだったのですが保育者に指摘されたことでハッとしたのです。そういうことのひとつひとつの積み重ねで子どもが育つはずなのに、日常の生活のなかでは、クツ下は足を包めばいいもの、洋服も体に着せればいいものと思って、まだ小さいからと、母親がさっさとはかせてしまったり着せてしまったりしていたのでした。

また、同じようなことでは、おしっこのこともそうです。おしっこが自分でできるようになるということは、子どもの成長の上でとても大きな意味をもつものであることは言うまでもないことだと思います。それだけに自分でやりたいと思っていたのにそれが妨げられたり、家ではいつもできるのでそのつもりでいたらしくじったというようなことがあっては、保育室が楽しいところでなくなるばかりか、子どもの「自分で」という気持ちを削ぐことにもなるでしょう。それなのに私たちは、とかく自分でははずせないような金具のついたつりズボンを平気ではかせたり、たくしあげにくい長いスカートをはかせてみたり、不必要に子どもをモタモタさせて悲しい思いをさせてしまっていることがあります。子どもが保育室のなかで楽しくすごせるようにと思わない親はいないし、だれしも子どもの自立的な気持ちや力、また自分でやろうとする意欲の芽ぶきをそこなうようなことをしてはいけないと思っているはずなのに、私たちはうっかりというか無神経にそんなことをくり返してしまっていました。そんなふうに頭でわかっているつもりのことと、日常なにげなく自分がしていることが、とてもちぐはぐであったことに保育者のことばから気づき、それをきっかけに自分と子どものかかわり方を見なおすことになった体験をたくさんの母親がもっています。それらの体験をだし合ってみると、たとえば、おしっこのしやすいズボンをはかせるという配慮は意識的にできていたという人も別のことではうっかりしていた、というように人によってさまざまでした。けれど共通して言えることは、家のなかだけの暮らしでは母と子のかかわりのあり方について具体的にチェックしてもらったり、生活のなかでいっしょに考えて確かめ合うというような人間関係やチャンスがなかったということです。

少し中身は変わりますが、子どもは環境が変われば行動も変わるものだということも大きな発見でした。私たちははじめ、子どもをあずけるとき保育者に「この子は神経質でちょっと音がしても寝つけないんです」とか、「うちの子はおとなしい方で活発な遊びはあまり好きではないんです」などと伝えました。けれどしばらくたつと「保育室のなかではどんなにさわがしくても眠りますよ」「今日はお友だちとジャングルジムで大活躍でした」と意外な事実を伝えられることが少なくありません。

子どもの姿を自分の視野のなかだけでとらえ、それをまるでその子のすべてのように見たり、その子の特質であるかのように私たちは思いこんでしまっていましたが、たとえばいつも不必要に手を出してしまう母親がそこにいないとか、家のなかでは妹だけれど保育室のなかではお姉さんにもなれるし、同じ年の子もいるというようなことだけでも、子どもの行動は大きく変わるのだということに気づかせられました。これまでの私たちの育児は、本当は子どもの一面だけしかわかっていないのに、いつもいっしょにいるのだから全てを知っているつもりで、この子はこういう子と決めつけた上での育児だったのです。

こんなふうに子どもを公民館保育室にあずけたことで私たちはずいぶん危ない環境にいたのだなあと思い知らされています。そして私たちばかりでなく、いま多くの幼い子どもと母親がそうしているような家庭での育児のあり方、母と子だけで暮らしている生活のあり方は、子どもの健やかな成長の上でとても片よった貧しい暮らし方だったというのがいまの私たちの実感です。

人とのかかわりのなかで

子どもをあずける体験を通して見えた自分の姿のもうひとつの大事な側面は、人とのかかわりのなかでの自分のありようです。私たちにとって保育室に子どもをあずけた体験は、人とのかかわりというものについての見方を変えていった体験でもありました。それは私たちひとりひとりの子どものあずけ方がだんだん変わっていったことに端的にあらわれているように思います。

たとえば、時間を守るというようなあずける上での約束事についてのとらえ方が、ずいぶん変わっていきました。それまでももちろん私たちは、時間は守らなくちゃと思っていました。でもあまりにも当たり前なことなのでそのことをそんなに重大に考えてはいませんでした。というより遅刻はしてはいけないと思うだけで、遅刻のもたらす意味を具体的にイメージしていなかったのだと思います。

でも保育者から「遅刻をすると、お母さん自身が気がせいていてつい子どもを押しこむようにしがちで、子どもの気持ちが中途半端なままお母さんに置き去られることになるし、もうすでに遊びはじめている他の子どもたちのなかに入っていくのに気おくれして、とてもかわいそうですよ。そして、そういう最初のつまずきが二時間中尾をひくことがあるんですよ」と伝えられてハッとしました。

遅刻は保育者に対してすまないことで気がひけることだとは思っても、そういうふうに子ども自身にとって影響の大きい問題だとは思いもしなかったのです。私たちはそこではじめて子どもが楽しくすごせるようにという具体的な目標をもって時間を守ろうとするようになりました。けれども、この段階での私たちの視野は、まだわが子のためにわが子に遅刻をさせないようにするという範囲にとどまっています。

　ところが、遅刻はその子にとってだけでなく、他の子にも大いに影響があるということを知って私たちはもう一度ハッとします。たとえば去年（一九七九年）の五月号の「保育室だより」は、そのことについての保育者の観察をこういうふうに伝えています。

「遅れてきた子が、他の子どもたちがみんなで作っていた積本のビルディングをいきなり壊したりすることもあります。遅れてきた抵抗感、仲間に入りたい気持ちをそんなふうにあらわして、他の子どもたちの遊びまで台なしにしてしまいます。いままで泣いていた小さい子が、やっと気持ちが落ちついて遊びはじめようとしている矢先に遅れてきた子がドアをあけて入ってきたために、また思い出し泣きしてふりだしにもどるという例もしばしばです。子どもたちのつながりができはじめているグループでは『〇〇ちゃん、まだ来ないね』と他の子どもたちが待って落ちつかず、『さあ』と遊ぶ気になれずにいることもあります。私たち保育者もまだ来ない子のことが気になってもうひとつ遊びに集中できない、そういう影響もあるのではないかと思います。そんな最初のひとときのズレが最後まで尾をひいて、当の遅刻をした子ばかりかグループ全体もなんとなく遊びに結集しそびれて不満な状態のまま帰ることがある、概してそういうグループでは子ども同士もつながりにくく、回を重ねても積み重ねができにくいのです。」

　この文章からも読みとれるように、遅刻はわが子だけでなく他の子たちみんなに対してすまないことだったのです。また自分ひとりで遅刻をしないように気をつけているだけではだめだということでもあります。だとしたら、親たちひとりひとりがよくそのことをつかんで協力しなくては、と誰もが思いあたって、さっそくあちこちのグループで話し合われました。これまで同じグループに属していっしょに子どもをあずけていながら、他の人たちのことをそういうふうには意識していなかったのが、ここではじめて子どものことでいっしょに話し合う相手としてお互いが見えてきました。そんなふうに私たちの仲間関係が変わっていくのと軌を一にして、誰かときどき遅刻をする人がいたグループでもばったり遅刻がなくなりました。するとたちまち子どもたちに変化があらわれました。保育者たちからは「子どもたちの関係が目に見えて安定してきたのよ。以前よりずっと活発に遊べるようになってきたし、一〇時にはもう全員がそろって遊びはじめるので同じ二時間がとてもたっぷりしたものになってきたわ」とうれしそうに伝えられました。そんなにもあざやかに子どもたちの上に変化があらわれるということは私たちにとってとても嬉しくびっくりさせられることでした。おとな同士、協力しがいがあったと誰もが思えました。このような大きな手応えは、子どもたちの仲間関係と親たちがお互いにつながり合い協力することが、深くかかわり合っていることをとても具体的にわからせてくれました。みんなで確かめながらひとりひとりが意識的に行動する大切さもよくわかりました。同時にグループの人たちのひとりひとりがはっきり見えてきて、この仲間たちと、このことのためにこうしようと、自分たちの次の行動が具体的に見えてくるのでした。たとえば公民館に来る日のほかにも子ども同士を遊ばせる機会をつくって子ども同士のつながりを深めようというような知恵もわき、協力して実行されるようになりました。

　こんなふうに、グループの人たちといっしょに具体的な共通目標をもって動き出すようになると、いままで無関心なままですごしてきたようなことにも目がいき、気になり出します。他人事だからというように見すごすことができなくなりだすのです。たとえば、これまでならことなかれと黙っていたようなことでも、本人が気づかずにいるときには卒直に指摘し、いっしょに考えよう、いっしょに乗り越えようという気持ちで、相手にも自分にも責任をもって声をかけるようになりました。とはいっても、もともと似たような生活状況にある者同士ですからお互いにどんぐりの背くらべ、言う方も言われる方もどっこいどっこいで同じような失敗をくり返してばかりいます。人のことは見えても自分のことはわからずにいるから自分も言ってもらって気づくのです。言われてみて、「こんなことをしていたのか」と気づき、人のふりを見て「自分も似たようなことをしていたんだなあ」と冷汗を流す。誰もがその度に身がすくむような恥ずかしい思いをしながら、無意識に無自覚にしてきた自分の言動の前に立ちどまっては再スタートをくり返してきました。

ひとりでは見えなかった自分の姿が、こうしてあからさまに見え、その自分は他の人たちと切れたところに立っているのではなく、人とのかかわりのなかにあることが浮かびあがってくると、自分の言動は自分だけのものではなく、周囲の人たちとのかかわりのなかで、みんなの動きを支え、すすめていく力にもなるし、その逆につぶしてしまう力にも働くのだということがよくわかります。グループの仲間関係の質を高めていく自分にもなりうるし、それを落としていく自分にもなりかねないのだと、切実に感じられるようにもなります。

そんなふうに自分と人との関係をとらえるようになると、子どものことで協力する間柄についても、同じグループの人というような小さな枠をこえていきはじめます。そういう視界のひろがりは行動のひろがりによって確かめられ、その行動が新しいつながりを生みだします。たとえば、「長い夏休みのあいだ、子どもたちにとって間隔があきすぎないように、子ども連れでときどき集まりましょうと話し合っているんですよ」とあるグループが運営会議の席で紹介しました。すると、他のグループの人たちも「それはいい考えね、私たちのグループでも早速やってみたいわね。」というように、ひとつのグループの知恵が他のグループにまでひろがり、いまでは夏休みのあいだに子ども連れで集まることはもう当然のこととして、どのグループでも行なわれています。そして、それは、「グループに新しいメンバーが加わるときも同じことね」というように応用されて、子ども同士を前もって引き合わせ、おとな同士も知り合った上で、活動を開始するのが常識のようになってきています。

また、同じ時間にふたつ以上のグループで保育室を使う場合、親の方はつい別々のグループだととらえがちだけれど、子どもたちは、ひとつのグループの仲間として遊んでいるのだから名簿も合同のものを作って、休むときには自分のグループだけでなく必ず相手のグループにも前もって連絡をしたり、またグループ同士が交流する動きも拡がっています。

さて、このように、いま私たちは、子どもをあずける上での配慮を軸におとな同士のつながりをつくることで、たくさんの知恵を共有し、さまざまな行動のスタイルを自分たちで生み出してきました。いまも生み続けています。そしてそれらが私たち自身の新しい約束事として定着しはじめています。そのひとつひとつは、どれもちょっとした心づかいにすぎないことばかりですが、子どもをあずけはじめたころの、その意味もよくは考えずに規則だから守るという図式で、自分の行動をとらえていた自分たちの姿と思いくらべてみるとき、我ながら大きな開きを感じないではいられません。

私たちは、そのあゆみのなかで、たとえば時間を守るというようなひとつの行動のなかにも、そのとらえ方には実にさまざまな段階があることに気づかされます。日常のなんでもない行動のなかにもさまざまなことを見つめさせ、さまざまな力を養う場面がひそんでいることも知りました。

また、規則を守る、時間を守るということでは形としては同じ行動をとっていても、それが「規則を守っているのだから誰からもとやかく言われたくない」という方向で働くときと、「人とより豊かな関係を結んでいくための手だてとして約束事を守ろう」とするのとでは、まるで方向が違ってしまうことにもあらためて気づかせられています。

たまたま私たちは後者の方向をとってきたので、外から自分を規制するものとしての規則ではなく、お互いの約束事としてとらえ、その約束事を守ることでお互いの関係を育てることもできたし、自分たちの行動の意味を自分から高めていく方向に動いていったけれど、前者であったら、規則をきちんと守れば守るほど人と自分を隔てる方向に進み、自分の行動の根拠を規則にたより、判断を自分の外において自分で物を考えない人間へと自分をしむけることになったかもしれません。やはり、規則だから守る、守っていればそれでよいというとらえ方は、一見社会性があるように見えて実は大変受動的な姿勢で、自分の行動に自分で責任をとろうとしない生き方にも通じるのではないでしょうか。

そう考えると、どちらの方向をとるかによって、生き方にとても大きなちがいが生じてくると言わなければなりません。

とするならば、先ほど「たまたま私たちはこっちをとったので」という言い方をしたことを私たちはいま、訂正しなくてはなりません。「たまたま」などと言い流してはいけないと思います。

それが私たちの、生き方の上での選択なのだということを私たちは自分にしっかり押えておかなくてはならないと思います。

私たちは、自分だけを囲って生きるのではなく、人とのかかわりのなかに身を置き、その関係のあり方をよりよいものに結び直す営みを続けることで、いっそう成長していきたいと願っています。

そして、そういうところに生きる価値をおくことの大切さをつかんだのが、保育室に子どもをあずける体験ではなかったかと思います。

子どもをあずけるということは、否応なく人とかかわりをもつことを意味しています。そしてそのかかわりをどのような質のものに育てるかは、日常の子どものあずけ方、あずかり方にかかわっていることは言うまでもありません。

自分が身軽になることだけを考えて子どもを物のように、一方的にあずけていてはおとなも堕落していきます。あずけることを通しておとな自身がより人間らしく成長していくのでなかったら、子どもも人間らしくは育っていかないでしょう。

私たちは、保育室に子どもをあずける体験を通して、子どもを育てながら自分を育てる方向をみつけることができました。人は人とのかかわりのなかでこそ育つのだ、自分もそのひとりなのだととらえられるようになりました。

このように私たちにとって子どもをあずける体験は、そのままおとなの学習そのものであったというのが私たちの実感です。人とかかわる力を育て、自分たちで自分たちを育てる力を養う学習——それが、私たちの保育室体験でした。

おわりに

さて、以上のように私たちにとって公民館保育室に子どもをあずけた体験は、私たちの生き方とかかわるほどに大きな意味をもつものでした。事実、私たちはいろいろな形で生活を変えていっています。またすでに子どもが大きくなっていたり、他へ引っ越したり、職業に就いて子どもが保育所に入ったりしていまはもうこの保育室に子どもをあずけていない人たちも口々に、「保育室の体験が自分の生き方の原点になっている」とか「いまの暮らしのなかに生きている」と言っています。

たとえば、幼稚園や学校に子どもを通わせるにあたっての子どもへの配慮、先生との関係のあり方、他の親たちとのつながりのことなど、場所は変わっても共通のことがたくさんある。保育室の体験のなかで得たことが、いまも自分の姿勢の基本になっている、という人が少なくありません。公民館の仲間たちと鍛え合ったことやそのつながりが、いまの自分の職業生活を支えているし、自分のあり方を確かめる基点になっていると言う人もいます。

保育室で身につけてきた「子どもにとってどうか」と立ちどまって自分の行動をとらえる姿勢を、これからいっしょに暮らす老人とのつき合いのなかでも大切にしていきたいと言っている人もいます。

保育室で得た、人とかかわって生きることの大切さや、子どもと自分を一体視しない力をもつ大切さは、そのまま子育て後や老後の生き方にも通じる、保育室で学んだことはこの先の一生の生き方の上でなにが大切かを学んだことにもなるという言い方をしている人もいます。

また、自分はあのとき保育室に支えてもらったから今度は自分が若いお母さんたちを支えたいと言って、各地で子どもをあずかる側にまわっている人たちもたくさんいます。

就職した人たちの多くが、保育所の保母、教師、学童保育所や児童館の職員、看護婦というように、人とのかかわりそのものが仕事である職を選んでいることもなにか保育室の体験が関連しているかもしれません。

そして、このレポートづくりにもそれら以前にあずけていた人たちが何人も加わってきたし、毎月の運営会議にも必ず子どもをあずけていない人たちも出席しているという事実、これは一体なんだろうか。なにに魅かれてつながりをもち続けているのだろうかと、私たちはしばしば互いに顔を見合わせています。一〇年以上も前にあずけていた人たちと、いま真最中の人たちがそれぞれの位置からいっしょに保育室のことを考え合う、そういうつながり、そういう吸引力は一体なにに由来するのでしょうか。私たちにもよくわかりません。ただ言えることは、子どもをあずけるという営みのなかには、人をつなぎ、人を育てる大きな力がひそんでいて、自分を確かめることができる場面がたくさんあるということです。子どもをあずけるというような、ただそれきりのことのように思われる営みによってひき出されてくるものの豊かさを私たちは今回レポートを準備することによってあらためて認識しなおすことになりました。

また、保育室体験がどれだけその人の力になったかは、むしろ子どもをあずけ終わってのちにこそあらわれるものかもしれないと思わされました。保育室による学習のみのりは、それほどにも息の長いものであり、深いものだとは言えないでしょうか。それだけにこれからの自分の生活のあり方こそが試めされ続けていくのだと身をひきしめています。

最後に、子どもをあずけさえすればそれで自動的に学習になるというものではないというわかりきったことについてもう一度目をとめておきたいと思います。

子どもをあずけることで自分を見つめ、人とかかわる力を養うには、それだけの手だてが必要であることは言うまでもないでしょう。私たちの場合をふり返ってみても、いろいろなことが思いあたります。たとえば、保育の姿勢の如何によっては私たちはただ子どもからはなれられて気晴らしになったと思うだけだったり、子どもをがまんさせてかわいそうなことをしたと後悔が残るだけになることもあるでしょう。あずけることでなにをみつめることができるかは、運営会議の内容や「保育室だより」のあり方にもよると思います。また、子どもをあずけてなにを学ぶのか、どのように学ぶのか、主催事業の内容や方法の問題も私たちの経験ではとても大きな比重を占めています。その他運営上のこまかいこと、日常のちょっとした働きかけがとても重要な柱になっていることは先ほど述べたとおりです。

しかし、それらの手だては個々ばらばらに問われてもあまり意味がないように思います。要はなんのために保育室を設けているのか、なんのための手だてなのかというところでの確かめがなければ個々の手だても生きてはこないでしょう。よく言われる「保育室をつくればいいというものではない」ということばの意味もここにあるのではないでしょうか。

私たちは今日、公民館保育室の活動を、おとな自身の自己教育活動としてとらえる私たちの視点を提示することで、その基本問題についての問題提起に代えたいと思います。ということは、私たち子どもをあずけている者の立場から言えば、私たちは子どもが邪魔になるからあずけるというところに止まったままのずさんな、一方的なあずけ方はしない、公民館もそういうあずかり方をしてはいけないと宣言することになります。

子どもをあずけて学ぶ重さは、子どもの重さにも匹敵するものだと実感しています。

（第一八回東京都公民館大会での報告より　一九八〇年二月三日）

三　循環――私の女性問題学習のあゆみから

笠原洋子

はじめに――自己紹介を兼ね、レポートの目的と私の立場

私は、くにたち公民館の女性問題学習のひろがりのなかに、いろいろな形で、一二年間関わってきたことになります。

はじめから女性問題を学ぼうという自覚で関わったわけではなく、その当時の私が関心をもったテーマについて講師の話を聞きに行く、というような関わり方でした。現在の女性問題講座「子どもを育て自分を育てる」の前身である「若いミセスの教室・一一期」に参加するために、当時一歳八ヵ月と五ヵ月の二人の子どもといっしょに公民館に通い出したのがスタートでした。

この講座での学習と公民館保育室との出会いが、私にとって当時の自分の生き方の根底を揺り動かすようなショックとなったわけです。そのショックというのは、これまでの自分が構築してきた価値観の否定や、大事にしている暮らしのあり方そのものの否定を含んだものだったので、そう簡単に切り替えていくこともできず、かといってそのままにしておけない気持ちにかられて、講座終了後も同じ思いの仲間と共に自主グループとなって学習を続けました。そのときはこれほど長く関わり続けるとは思ってもみなかったのです。一方で自分のためにつかみたいことがあるという要求と、他方でお互いに力の発揮を期待し合う関係のなかで私も自分の役割を果たす

ということと、その双方がその時々にいろいろな形で重なり合うなかで、「もう、これでいい」ということがないままときを経、次第に欠かせないものとして関わりを保ち続けるようになって今日に至った、ということができます。直接関わった活動を少したどってみます。

自主グループとしてのとりくみは、七五年講座終了後「一一期会」、七六年公民館改築をひかえ市民が発足させた「保育室を考える会」のメンバーともなり、やがて「一一期会」独自の活動が「保育室を考える会」に組み込まれていきました。七八年公民館保育室のあり方や方向性を市民としてたずね続けることを通して女が学び合っていこうと「保育室の会」を発足させるひとりとなり、そしてその会のメンバーとして今日に至っています。

公民館が市民との関わりのなかで主催してきた保育室活動を主軸としたとりくみへの関わりとしては、子どもが保育室へ通っていた七五〜七七年のあいだは保育室運営会議への参加、そのなかで七七年「保育室のつどい」実行委員としての活動、第一六回東京都公民館大会でのレポートへのとりくみ等がありました。そして子どもが通わなくなって、七八年『子どもをあずける』編集活動への参加、七九年『子どもをあずける』発刊後は、「『子どもをあずける』を読む会」の発足に関わり、そして参加し続け、八四年「『子どもをあずける』を読む会」の活動の再編として新たにスタートした「日曜学習会」への参加等です。

また女性問題講座としての「女と老い」（八七年）「女の生き方と性を考える」（八五、八六年）「主婦が働くとき」（七九、八七年）にも参加しました。

はじめは、ただそのときの活動が直面している課題に精一杯対応するという自覚でした。仲間と共に、ひとつ共通の課題をのりこえる毎に、自分のなかに確かな手ごたえが残り、人への信頼が深まり、そしてまた新たな課題が見えてくる、ということのなかで、活動のなかに「私たちの共有財産」と呼べるものを積み重ね、互いの成長を認め合い、また互いのマイナス状況を認識し合うなかで新たな課題をたて、だんだん自覚的に課題をのりこえていく場をつくり続けるようになった、ということができます。そしてこの活動を、女性問題を共に克服していく学習として大切に思うようになりました。また私個人の位置からみたら、この活動に関わることを通して、はじめのショックから自分をたて直し、たて直していく手がかりを得、徐々に自分のなかの価値観や暮らしのあり方を変えていくなかで、また新たに生じる課題の解決に向かう力を養い続けてきた、ということができます。そして私のまわりに、仲間と呼べる頼もしい絆がたくさんできました。

私の女性問題学習の入口は「育児」ということであり、活動の中軸は保育室活動でしたが、同じ問題意識でとりくまれている他の三つの講座への参加を通して、よりいろいろな立場、年代の人たちと出会い、より広く厚く、地域のなかで人と人とが学び合うおもしろさ、楽しさを味わいました。いろいろな切り口から性差別の実態をとらえ、その時々の社会状況のなかから切実な課題を共有し合い、解決の方向を探り合うことが、同時に人間のライフサイクルのさまざまな時期での女性問題学習への出会いを支えることにもなり、またそれが学習を豊かにもしている事実が、そこにはありました。

さて、この「私たちの女性問題学習」という大きなとりくみの目的は、地域の公民館活動としての女性問題学習を、学習の主体者である市民の視点からとらえ、市民の側からそのあり方を「これから」に向けて提起していくことにあります。そのために、まずはこれまでの学習の総括に共同でとりくんでいくための、今日は入口のレポートになるわけですね。私がこれまで仲間のなかで「私たちはなにを獲得してきたのか」「どんな学習のあり方を生み出してきたのか」という共通確認を、いろいろな節目でしてきたことを踏まえ、しかし今日はそこからの視野ではなく、あらためて「私は」という立場に戻って、ひとりの人間がこの学習のひろがりに関わり続けることを通して自分を変革させてきた道すじを報告することになります。私たちが女性問題の解決に向けてどういう克服のあり方を大事にしていきたいか、これからたくさんの市民が検討し合っていくためのたたき台を出す、というつもりで、お手元のレジュメのような整理をしてみました。ただ4のところは、これからのとりくみのなかで、具体的な事実の点検を通してていねいに確かめていきたいことです。そこのことは、第II期でいろいろな人からレポートされる見通しがあるので、そのときに私の位置から見えることを発言していくことにし、今日のレポートでは、1、2、3からいまの時点で引き出せることとして4の内容を組み立てています。ですので1、2、3にウエイトを置き、4は時間のゆるす範囲で触れておくという程度に考えています。

1 私を揺り動かした問題提起——くにたち公民館保育室の実践と理念

☆誰もが、いつの時期にも豊かな人間関係のなかで育つことが妨げられてはならない。
☆「母親が自分自身を生きること」と「子どもの健やかな成長」との共存

そのときの「若いミセスの教室」のテーマは、「母親の生き方と子どもの成長」というようなものだったと記憶しています。私はまさかこれまでの考えをくつがえされるような内容とは思わず、漠然といまをよりよく、というようなことを予想していました。ところがそのなかみは、旧来の女と男の関係のあり方への批判であり、現状の家庭育児のあり方への批判だったわけです。そして子どもを迎えてくれた保育室は、まさにそれらの実践的批判として存在し、運営されていたんです。私はその実践に子どもをあずける母親として関わるなかで、体験的に問題提起を受けたことになります。そのへんを少し詳しく述べてみたいと思います。

・旧来の女と男の関係のあり方への批判

私は自分の自由な意志で、妻であること、母親であることを選び、夫が外で働き、私が主婦として家庭にいるという暮らし方を選んだつもりでいました。

結婚前は、郷里の小さな精神科病院で看護の仕事をしていたのですが、これは親たちが敷いたレールをはずれて自分がほんとうにやりたいことを実現させた進路であったし、私はそこで働くことを楽しみ、大事にしていました。夫とは結婚前は、いろいろなことを対等に語り合える友人でした。お互いに相手の生き方を尊重し合っているつもりでした。でもその二人のあいだで、結婚は、女である私がその職場をやめて、生活の場を彼のところへ移すことだということが、暗黙の了解事項だったんです。どちらがそれまでの生活を切り替えるか、まずは話し合うという発想がなかったんです。私たちのまわりには共通の友人もたくさんいましたが、たとえば、そういうことを「どうするの？」と誰も尋ねませんでした。

私が彼との結婚を選んだということのなかに、女である私の方が郷里を離れる決断をしたということは含まれたことだったんですね。いまでも、女と男の現実、あまり変わっていないように思いますが。

そういうわけで一五年前、二四歳で私は結婚と同時に国立へ移り住みました。それまで女性解放の思想に触れたことがなかったわけではありませんが、それは私にとってはひとつのイデオロギーであり、私を引きつけはしませんでした。いまでも若い女性たちの多くが、結婚ということに関してそうであるように、私は自分が大事にしていたことをナシにしてでもこの人と暮らしたかったのだと自分では思い、そのことをシアワセと思いました。それはまた平凡なことでもありました。平凡はいささか屈辱的ではありましたが、まわりの多くの主婦たちがそうであったように、かつて輝ける個性的なときを送ったことを宝物のように大切にしながら、いまは、夫や子どものために「ただの主婦やってる」と、夫や子どもを大事にしていることの証明のように思ったりもしました。

そういうことに対して、講座のなかでは「変だと思いませんか？」と問われました。二人のあいだの固有なことのつもりが、どこでも誰でも女の側だけそれまでの人生を中断させることが当たり前みたいにされていることに光が当てられたんです。自由な意志で選んだと思ったことが、実はなにかに囚われていたこと、また仕組まれていたことにはまっていったこと、というふうにだんだん見えていきました。でもそれはそんなにたやすく受け入れることができたわけではありません。私たちは、おとなになるまでの過程で、少なくとも学校教育のなかでは、男女平等のタテマエのなかで育ってきましたよね。自覚されていない差別があり、たくさんの問題をはらんでいたにしても、一応男女は平等なんだと思い、対等に過ごし合ってきた体験をもっていますよね。それがおとなになるにしたがい、いろいろな節目で役割がはっきり分かれていく。やはりそれを不自然に感じるところは私にもありました。だから結婚ということのなかで、はっきり役割が分かれて暮らすということを自分自身に納得させていく過程もあって、ある意味で自分自身のなかに築いてきた小さな哲学があるわけです。その辺、当然と思いこんできた部分との二重構造だと思うんですが、自分が築いてきた面ではかなりしぶとく反論し続けましたね。よって立つ基盤――生活の安定という意味ではなく、生活の実態を支えている自分の哲学――をそうたやすく崩すわけにはいかなかったんです。でもこれまで当然と思ってきたことがさまざまな角度から照らされて、「たしかに変だ」と思えてくる。また私にとっては偶然同じ講座に来合わせたにすぎなかった人たちとのあいだに、少しずつ連帯感が生まれてきて――講座のあり方が「仲間づくり」をひとつの大事な柱にしていたので――共に受け取り合うことができました。そしてまた自分の暮らしの身近なところに、もう少し前にこのことに気づき同じ地平で主婦として暮らしながら、変革に向かい合っているたくさんの人たちの存在を知ることもでき、その活動に触れるチャンスもありました。そういう関係のなかで「私も汚染されていた」と気づくことができた、そういう問題提起のあり方が、私を揺り動かすものになった大きな要因だと思っています。そんなふうに自分が見えてくるなかで、性差別を歴史的につくられてきたものとして学びとり、自分が専業主婦としているということが、国家優先、経済的効率優先、男優先の社会のあり方をしっかり支えていること、それからまた、純粋に相手への思いやりと思っていることが、安定した生活を維持していくための手段に変じていくことを決して否定できない構造のなかにい続けることだということを、納得していきました。家庭が互いの人間性をより豊かに開花させ、共にあることを楽しむためのものとしてではなく、夫の労働のための再生産の場になっていくことが、今後、私が家事育児に専念し、夫がますます職場で必要な労働力になっていくといういまの暮らしの延長線上に予想されることであり、それは、お互いが結婚のなかに望んだこととは遠いことでした。

・現状の家庭育児のあり方への批判

いま述べてきたように、「旧来の女と男の関係のあり方への批判」を私が受け止めることができたのは、その学びが、他方で子どもをあずけるということを伴い、そのなかで子どもとの新しい出会いを体験したことがかみ合ってこそ可能だったといえます。この二つの批判は互いに深くからみ合いながら、同時進行的に私に迫りました。ここであえて分けて、では現状の家庭育児のあり方への批判をどのように受け止めていったか、という方にはいります。

公民館にくる前の私は、子どもは母親の愛情で育つもの、それが一番のシアワセな、健やかな成長と思っていました。私はまともに子どもと向かい合い、子どもは文字どおり母親の視野からはずれることなく活動していました。子どもにとっては母親からの働きかけの洪水、というような暮らしだったと思います。結婚前からの親友の幾人かが都内で生活していて気持ちの上では決してひとりとは思わなかったのですが、その親友たちとも子連れで付き合える距離ではなかったんですね。また近所の人ともお付き合いはあり、いろいろ親切も受けながら暮らしてはいましたが、あくまで「お付き合い」で、それ以上のものを自分からも求めなかったので、一種の閉塞状態のなかで子育てしていたということができます。子どもはかわいいし、子育てもそれなりに楽しかったけれども、一方で、自分が自分でなくなっていくような、なにかこう……自分が退化していくような不安と、おとなの社会からしめ出されたような疎外感を抱いていました。でもいまはそんなことに思いを留めるときじゃないんだと、ただ子どものことだけを考えてすごすときなんだと、子どものため、子どものため、と自分に言い聞かせていたんですよね。

託児つきの講座への参加は、託児が最大限子どもにとって配慮された環境だという情報があったこと、週たった二時間だけなんだからということ、そして講義の大半は育児のことなんだから、仮にマイナスということがあってもきっと挽回できるにちがいないというような……そんな考えもあって、自分に許せた、というところでした。同時に、窒息状況から空気穴を捜し当てたような気分がどこかにあったんですね。でもその気持ちを自覚することは、子どもに対して申し訳ない気がして、なにか認めたくなかった、ということがあります。

講座では、現在の母と子のあり方について疑問が投げかけられました。なぜ母親だけが育児責任を負うのかと問われ、人が赤ちゃんのときから人との関わりのなかで育つことの大切さについて学び、女自身も、いつのときも社会のなかで人と関わりながら学ぶことからはずされてよいはずがない、ということが語りかけられました。それらの論理は大変ミリョク的ではありましたが、だからといってすぐにはうなずけない現実が私の側にたくさんあったことも事実でした。

その一方で、子どもの二時間がいい時間になるように、保育者からのいろいろな提案を受け止めながら配慮しました。メンバー同士、子連れでの往き来も始まりました。そのなかで、子どもが私のいない世界でそのときを楽しみ、人と親しみ、その場限りでないつながりを子どもの生活のひろがりのなかにもち始めたことが見えるようになってきました。そしてまたそうなることに母親である私がしっかり関与してきたという……つまり育児を放棄したのではなく、これまでとちがった形での育児への関わり方をしたというような、なにか責任のがれではない子どもとの離れ方をしたすがすがしさのなかで、自分自身を生き始めた我が子に新鮮に向かい直すという体験になったわけです。それは、保育者との信頼関係の育ちがあり、講座での論理の裏づけがあり、それらをつなげてとらえるための職員の援助があり、そしてそれらを共有し合う仲間があって可能だったし、そのためにはそれだけの醸成期間とそれなりの方法が必要だったということができます。

私はそれまでの暮らしのなかで、子どもたちを人として尊び、大事にしているつもりでした。でもそれは私の「つもり」や「思いこみ」でしかなく、いつのまにか自分と一体視し、自分の支配下に置き、豊かな人とのつながりを阻害し、生活圏をせばめていたことに驚きました。早く気がついてよかったと思いました。

同時に私も、結婚後初めて「さしさわりのないお付き合い」ではない人間関係をもち始めていました。子どもだけに向かう暮らしは、母親にとっても人間らしい成長を阻害する、という事実もメンバーのなかで認め合うようになりました。当初の空気穴を捜し当てたような感覚は、ほとんどの人が抱いた感覚であり、週たった二時間をそんなふうに感じた私たちの暮らしはやはり不健康だったと、互いに認め合いもしました。私自身がそんなふうに変化したからこそ、子どもの変化もとても人間的な成長への変化だととらえることができたのだと思います。

私はそれまで「誰かのために生きる」というようなことを、とても尊いことのように思いこんでいました。でもそんな生き方って、とても一方的で現実にはおしつけがましいし、そんなことができると思うこと自体傲慢だし、第一不自然だ……、というふうに、だんだん思い直すようになりました。そして自分自身をしっかり生きるということをはずさないで、誰もがその人自身をしっかり生きられるように援助し合いながら、共に生きることを楽しみたい、というように、考え方を整理し直すようになりました。これまで、母と子のあいだにはそれは成り立たないと思っていました。子どものシアワセな成長をとるか、母親が自分自身を生きることをとるか、一方を優先させれば他方にシワヨセがいく、という発想でした。しかし、両者を共存させていく、そうでない暮らしは互いに人格発達の歪みをきたす、ということが見え始め、共存させていくことが、ほんの小さな世界ではあったけれど、できるんだ、と、それが基本なんだ、と、体験を通して実感したこと。それが私を揺り動かす問題提起の受け止めであったと思っています。

2　保育室活動への関わりと暮らしの変革

・家庭の人間関係再編
・働くことの選びとり
・地域に根ざす

子どもを大事にし、子どもにとって私にできる限りいい環境をつくっていたつもりが、そうではなかったことが分かりだし、また夫とも非人間的な関係にいることに気づきだし、そして男優先の社会構造をしっかり支える位置に自分が居ることが見えだしてからは、葛藤の日々でした。

保育室は、こういう育児のあり方、子どもとの関係のあり方こそが基本なのだと体得できる場ではあっても、現実には、子どもの生活にとってほんの限られた時間でしかないことも事実です。保育室でのときをいいものにするための配慮として、またおとなの活動の拡大に伴って、子どもたちが日常生活のなかでつながり合うことになったという画期的体験も、それがほんとうに子どもにとっての日常と言えるだけのものではない、という現実がありました。

まずは、子どもが自らの気持ちの動きで、自らの足で行動を起こせる範囲に、子どもにとってもおとなにとってもいい関係をつくり出したいと思いました。そういうことは、仲間のなかでも、自分の周りの人とそんなふうに暮らしたいね、とよく話し合っていました。以前は、近所の主婦たちは、当りさわりのないお付合いの対象か、または○○ちゃんのお母さんでしかなかったんですが、公民館で地域の女の人たちとの出会いを体験してからは、変な言い方ですが、どの主婦も「ひと」に見えてきて、話してみたい相手というような感じ方をするようになっていました。当時は社宅のような集合住宅に住んでいて、似たような家族構成と生活形態をもった人たちが周囲に大勢いて、共同の広い庭もありました。そのなかで親しくなった何組かの親子とのあいだで、意識的に子ども同士の楽しい時間をたっぷりもつ配慮をし合いながら、子どもをあずけ合ったり、ローテーションを組んでおとなの時間を確保し合ったりもしました。でもそのころはまだ自分のなかでも問題が未整理で、人としっかり関わり合う力もとても弱く、たとえば、子どもはお互い了解し合っている親と子どもだけで遊ぶわけではないので、トラブルもあって、誤解されたり、非難されたりということも起こってきて。その誤解をしっかり解こうともせずに、ただ滅入ったりもしました。それに夫の勤務先はとても転勤の多い職場だったので、やっとつながり合えたと思うと、すぐ夫の転勤ということで、いない人になっちゃう。なかなか続いていかないんです。それになんといっても、夫の勤務先の社宅というつながりでしょ。夫同士のつながりを意識した妙な連帯感みたいなものが社宅全体の雰囲気としてあって、それがとても嫌だったんですよね。だから、女同士、人間的なつながりを広げていきたいんだけれど、その辺、複雑に抑止力になっちゃたりして、なかなか関係を広げきれない、というようなこともありました。

　それでも当時の私としては、自分の暮らしを周囲の人たちに向けて開いていこうとしたという、大きな変化でした。そしてそれは講座終了後自主グループとなって学習を続けていた仲間たちのあいだで共通のことでした。「こんなつながりができてうれしい」と目を輝かせて報告し合ったり点検し合ったりもしました。公民館保育室との出会い（特に「若いミセスの教室」のメンバーとして保育室に出会うことができたということ）を、個人的に限られたチャンスに恵まれたというだけのものにしたくない、という思いがありました。自分たちの現状が社会的問題として見えだしたとき、個別のこととしか思えないでいた自分へのくやしさ、そんな社会構造への腹立ち、そして、そんな社会のあり方を、気づいたところから、できるところから変えていきたいんだと、そう思い出した時期の、自分を駆り立てずにはおかない勢いがありました。けれども、自分自身の未熟さは、なかなかとりくみとして実らせていなかったという現実がありました。

そんななかで、夫も少しずつ育児に参加しはじめました。先に述べました問題提起の受け止めを、私はよく夫に興奮して伝えもしていました。育児に専念していたころ、夫とのあいだで私の方からの話題が子どものことばかりになってきていた折、私の側からの新鮮な話題になったわけです。それにやっぱり語らずにはいられないことだったんですよね。結果的に、夫は、そのあいだ私を通して問題提起を受けていたことにもなると思います。そして少しずつ彼も育児に参加するようになって、ひとりが二歳代で、もうひとりはまだオムツをしていたころの子どもたちが、父親と家ですごし、私が外出するということもできるようになっていきました。私の方は、はじめはかなり思いきって家をあけたんですが、大急ぎで帰ってみると、子どもは父親と楽しくすごしているんですよね。それに私だったら思いつかなかったような遊び方をしたりもして。そしてそういうことがやはり仲間のなかでも話題になるわけです。「男だって変われるんだよ」と言い合ったり、それからお互いに話題にするなかで、たとえば「夫にみてもらって」ということばが飛び出すなど、なにか自分の所有物を夫にあずけるというようなものが私たち自身の意識下にあることを認めあい、変な人間関係になっていたんだなと思ったりもしました。日曜日に散歩や買物に出かけた折など、たまたま保育室仲間の子どもがお父さんと連れだっているところに出会うと、単純にうれしくなったりしたものです。

夫は近所の子どもたちともだんだん仲良しになっていったんですよね。そしてそのお母さんとも親しくなっていろいろ話し合ったりしている。そういう夫の姿を、私は好ましく感じるようになっていきました。そしてときどき私が家から身体をはずすことが、夫や子どもたちにとってもいいことだと思えるようになって、私の活動範囲も広げていくことができました。そんななかで、働き出すことも考えていました。

これらのことは、順調に進んでいったというのと、またちょっと違って……。私は自分のなかに囚われがあるのがいやだったように、いっしょに生きたいと思っている人のなかに差別や囚われがあるのがいやだったので、それらのあらわれに対しては毅然とした態度をとるようになりました。いつも意識的に暮らしていたわけではありませんが、ここ、というときには厳しいことばを向けることもありました。そんな自分に「なんてひどい人かしら」と苦笑したり、ときにはめげたりしても、一方では安易に妥協して暮らすのはいやだと思える自分がありました。夫もそれなりに反論したり受け止めたり、そして少しずつ共感し合える部分を増やしながら関係が少しずつ変化した、それも行きつ戻りつの変化でした。

　子どもだけと向かい合う生活のなかで、次第に、夫からの情報を無条件で受け入れたり、大切な判断を夫に委ねるようになっていた自分の傾向を変えながら、夫に対しても「ほんとにいまの仕事を続けていくことでいいの？」と問いました。夫も、その当時の仕事に、なんとなく就いたわけではなく、選び得る条件のなかで、最大限自分を通した選択だったんですね。自分なりの課題をもって就職していたんです。でもそれは学生らしい理想のもち方みたいなところがあったけれど、現実に働くことを通してどうなのか。実現していく見通しのなかで働き続けているのか。男だから、家族を養わなければならないから、という制約のために、意に沿わない働きを続けているということはないのか。等とよく尋ねました。

「お互い、ほんとうに自分がやりたいことをやろうね」と、よく言いました。漠然とですが、お互いに納得のいくような働き方をし、共にあることを楽しむ生活をもち、経済的には、二人の収入の合計が現状を維持していくような暮らし方ができたらいいなあと思っていました。そういうことを話し合うなかで、夫は夫なりに考えを整理し、人生設計をしなおしていきました。夫の決断は、いささか私の予想や期待を逸していたんですが……（笑）。それはともかくとして、その人が価値あることとして自分に求め、それを実現させようとしている、ということを大切に受け止めたわけです。ただ、夫が目指した職は、妻を協力者、支持者と見る固定観念が一般的に強くあるので、それを現実にどう乗り越えていくのかということは、二人の大きな課題に――これまで以上に大きな課題になったということもありました。

私は私で、ともかく働かないでいる自分を許しておくことができないという気持ちが強くありました。まずはなにができるか、いろいろ情報を集めたり、趣味を生かすことにチャレンジもしてみました。もちろん看護の仕事に就きたい気持ちはありましたが、かつて独身で働いていたころと同じように働くことは、いまの条件では無理かもしれないという思いや、ブランクの不安がありました。けれど、このころとても大きな励ましだったのは、たとえば「若いミセスの教室」の先輩の友さんや萩原さんが公民館での学習を契機に、保育の勉強をはじめ、資格を得て市内の保育園でフルタイムで働いていること等でした。そして自主グループの仲間たちや、親しくなった周囲の人たちとも働くことを考え合いながら、今度こそ、独身のときとはちがい、一生の仕事として、人との関わりが内容となる看護職を選びなおしていきました。

　これらのことが進行していた時期、保育室に子どもが通うことを継続させながら、おとなの私たちがとりくんでいたことについて少し述べてみます。はじめのところで少し触れたように、公民館改築に市民として関わるために発足した「保育室を考える会」に、「一一期会」独自の活動が組み込まれていくような形で、活動の場が動いていきました。直面していた課題は、ひとつには半永久的な建物の中に保育室を設置することはどうなのか、ということでした。かつての木造の公民館の敷地内に保育室は別棟としてあって、このことは保育室が一時代の過渡的なものとして存在することを象徴しているようなところがありました。公民館保育室は、たくさんの矛盾を含んでいる存在ですよね。そこに、従来の母子のあり方への批判的実践を伴わない限り、子どもがいつもおとなの、ことに母親の都合によってふりまわされることを是認し、家庭や地域のなかに子ども自身の安定した成長の場をつくり出すことを阻害していく作用をもってしまう。だから保育室を運営していく市民と公民館が、それだけの自覚と覚悟をもって関わり続けるということなしに、あって当たり前のものにしていっては絶対いけない、とあれから一〇年たったいまも強く思いますけれど。そういう保育室をいまは機能させていくことが必要なんだけれど、あくまで、女も子どももそれぞれ独立した人格として尊重されるような社会にしていくためのものであって、たとえどんな充実した保育が行われても、おとなの目的に付随したものとしてあり続けることは、永く許しておきたくないことです。改築にあたり、そのことをどう踏まえるのか、そして新しい建物に設置するならどんな組み込み方が必要なのかという具体的な課題もありました。そういう課題をもって、創設以来一〇年経過した時点で、女をとりまく社会状況の変化と今後の見通しのなかで、公民館保育室の理念や運営のあり方をもう一度とらえ返そうとする大きな市民的動きでした。

　私たち当時子どもをあずけている最中だった者たちは、自覚的に課題をもった先輩の呼びかけや、市民と共に保育室をつくり続けてきた職員からの期待を受け止める方向で、この市民的動きに加わり出したわけです。いろいろな形で学習会がもたれました。他市の公民館保育室に関わる人たちとの交流や、施設の見学もありました。「『保育室だより』を読む会」を定期的に開いて、その報告の「新聞」発行も行いました。これまで保育室に関わった人たちが一同に会した「保育室のつどい」へのとりくみもありました。これらのとりくみのなかで、現にいま子どもをあずけている最中の市民、つまり活動の中心にいるメンバーとしての役割の果たし方を求められていきました。はじめはとても難解で、どこに糸口があるのかなかなか見えず、自分たちがなにをやっているのか疑問を感じてしまうこともしばしばでした。でもそのとりくみから自分をはずさなかったのは、もちろん、しっかり分かりたいという要求と、ひとつ糸がほぐれたときのうれしさでもありましたが、なにより先輩たちや他のグループの人たちや職員の伊藤さんとも知り合っていっしょに動く楽しさ、そしてその人たちと共感をもちあえるうれしさでした。ことに先輩たちのなかには、保育室設置のための請願運動をした人もまだ加わっていましたし、それぞれユニークな自主活動をもっている人、それにこれまでは母親と保育者という関わりだった人たちとも市民同士としているというふうで、それらの人たちとのつながり合いは、私をわくわくさせました。そのなかで、ただ親しくなるというのではなく、私は私の立場での役割を果たすということで仲間にしてもらい続けたように思います。活動は、週一回というような集り方では足りず、あちこちで個人の家が集会所となり、また子どもの遊び場になりました。子連れでの往き来は、暮らしぶりを引き連れての往き来でもあり、お互いの暮らしがよく見える活動でもありました。

さて、これらの時期を含めて、子どもたちは三年間公民館保育室に通いました。この間、より安定した子どもの生活の場をと、地域の保育園への入園を考えるようになりました。以前は保育園に対してあまりいいイメージを抱いていなかったんですが、「若いミセスの教室」で少しずつその考えが変わりつつあったころ、公立保育園の見学があり、そのときの生き生きした活動的な子どもたちの姿が、私の記憶に焼き付いていました。理屈抜きに、いい印象だったんですよね。もちろんその後冷静にいろいろ研究もしました。そして、保育園で現在行われている保育の実態が、公民館保育室でのそれとは必ずしも同じものではないということも知りました。しかしたとえば、理想的な社会になるまで子どもを社会へ送り出さないでいるわけにはいかないんだと、それと同じことなんだと考えたんです。現実に地域の子どもたちがそこで暮らしている保育園なんじゃないかと。だから子どもが保育園に通うなかで、おとなとして最大限子どもたちの生活の場をいいものにしていく努力をするんだ、というふうに思ったんです。それは、公民館保育室が子どもにとっていい成長の場になったのは、まさにそこに関わる人がいい場にしたんだということが分かったという、保育室体験に根ざしていました。社会って、そういうふうに関わる人がつくり出すものなんだという本来当たり前のことを、体験的に再認識したばかりのころでしたから、保育園も同じことだという、自分の力量や諸々の現実から測ったら甘い見通しではありましたが、そんなふうに本気で思えたし、入園後は実際そういう期待で保母さんやまわりの親たちとも関わり続けました。入園の時期に関しては、申込みをしても、行政が定めた「保育に欠ける」条件に満たないということで、結果的に子どもが四歳、三歳からになってしまったのですが……。（保育園のことに関しても、これから女たちのパワーで変えていかなければならないことがいっぱいありますが、このレポートではいまはそれには触れずに先に進みます。）

私は、子どもたちが保育園に通い出して二ヵ月後から、精神科看護の仕事を始めました。再就職は、女の状況を共に変えていきたい仲間のひとりとしての行動なんだ、という思いがとても強くありました。そしてまた、働くということは、健康なおとなとして当たり前のこと、自分を生きていくことの必須条件の取戻しでした。ですので、公民館活動への関わりもそれで終わりとは考えませんでした。活動の方は、改築へのとりくみの成果を踏まえて、「市民として保育室存在に責任をもち続ける」ことや、「そのことを通して女が学び合う」という自覚のもとに、「保育室の会」が結成されていました。活動の総体が、これだけの自覚と組織力を得たということが、私のように実際子どもを保育室にあずけなくなった人間をも活動に関わり続けることを当然のことにしていきました。直接には、仲間のひとりでいたいという思いと、また仲間たちからの「向こう岸へ行ったきりの人にならないで」という応援の声と、そしてなにより、私たち子どもをあずけなくなった者もその位置からいっしょにやっていくことが必要とされた具体的作業があったということで続いたのだと思います。その具体的作業のはじめは、『子どもをあずける』の編集への準備、そしてとりくみでした。昼間は仕事、夜は編集会議という日々が続いたり、また原稿を共同で書き上げていくために、互いの出勤途上に草稿を交換し合ったり、スケジュールとしてはかなりハードな時期もあったんですが、ずっとはずされずに組ませてもらい続けたことが、その後も仲間のなかで「自分の役割」と思うところは引き受けていく、あるいは、「やろう」と思ったら後に引かないということを、自分に対して当たり前のことにしていったのかもしれません。またいっしょにやろうと声をかけてくれた人たちが、いっしょにやっている私に、「あなたはどうして続けるの？」と聞くんです。一方では、私の力が必要だといっておきながら、その一方で「どうしていっしょにやりたいの？」と。主体性を問われ続けたわけですね。私は、「だってめざすところがいっしょなんだから」とか、「仕事や暮らしとつながっているから」というような答をする。すると「どんなふうにつながるのか」と……。ただずるずると時をつなげるのではなく、活動への関わりを意識化することを求める働きかけがあったということになります。

さて、新しい人生設計の実現に向けて行動を開始した夫とは、たとえば子どもとの関わりもできるだけフィフティ・フィフティになるよう意識しました。因みに、朝ごはんを作り、子どもたちと共に食べて保育園に送り届けてから出勤するのが、ある時期の夫の生活のパターンでした。子どもが小学校に行ってからは、父母会や諸行事等にも半分は夫が休暇をとって出席するようにしたり、子どもの急病時のひきとり等も、互いの都合で自然にフィフティ・フィフティになっていきました。また夫は神学を学びだしたわけですが、いろいろな立場があるなかで、夫自身どういう立場を選びとってきたか、ここでは内容には触れませんが、その選択は、私を通しての私たちの活動への共感と無関係ではなかったようです。そしてまた、そうした夫の変化や行動のひろがりから、私が得たものもあったわけです。ときには「こんなはずではなかった」という事態に遭遇して立ちすくんだり、また働くことのなかに埋没しそうになったりもしながら、しかし、停滞はしても、もう後戻りはしない自分を保ち続けてきたように思っています。

　そのように暮らしを変え続けながら、同時に地域に根ざすことを大切にしてきたんだということがあります。夫の転職前は、いわゆる転勤族の部類だったんです。当時は三年位のサイクルで全国どこに転勤するかわからない職場だったんですが、結婚したころは疑いもなくいっしょに移り住むつもりで、そのことをステキなことだと想像していたんです。一生旅行しながら暮らすなんて楽しいにちがいないと。けれど、保育室活動に関わることによって生れた地域の人たちとのきずなが、だんだん私にとって失いがたいものになっていきました。また、自分と同じ地域にいる主婦たちが、保育室をつくり、活動をつくり、運営のあり方の質を規定してきた歴史を感動的に受け止め、私も共に地域をつくっていく市民のひとりでありたいと思うようになっていきました。市民的力量というようなものも、具体的な暮らしの実態のなかで、問題を共有しあい人間関係をつむぎ合いながら培われることに価値を感じるようになり、子どもたちもそんなふうに育ってほしいと思うようになりました。また、仲間をつくろうとするときに、夫の転勤に同行するという形で、女たちが仲間から引き抜かれるという痛みをさんざん味わいもしました。夫の退職後しばらくは転勤ということからははずれたわけですが、いよいよ牧師として就任というときや、その後も何度か地方の教会に招かれるということがあって、夫から相談をもちかけられました。私はその度に、いま私にとってこの地で暮らすということがどんなに大事なことかを伝え、夫自身そちらへ赴任することは妨げないけれど、私はいま同行することはできないという態度を取ったんです。夫はそれを判断の材料に含めて、自分なりに決断して、結果的に、いま共に地域に根ざし始めている、というところです。

3　自分自身を生きる

ではレジュメの3にはいりますが、言うまでもなく、2と3は別のことではありません。自分自身を生きるということは、暮らしぐるみのことですものね。強いていうなら、これまでは、暮らしを共にする人間がそれぞれ「自分自身を生きる」ことを共存させていくことに向けての、どちらかというと条件整備の方に主眼を置いて述べたことになるでしょうか。さて、ではこれから少し切り口を変えて、私自身の変革の内容により焦点を当てて整理してみようと思っているのですが、どうかよろしくお願いします。

・人権意識を育てる

おとなになるまでの自分のなかに、人権意識の育ちをあまりに欠いていたことに驚くのですが、「人権」ということばは、かつての私には、日常の暮らしから遠いことばでした。その一方で、頭ではわかりきったことのつもりなので、改めて自分にひきつけて「人権」をとらえるという必要もなく暮らしていました。

公民館保育室は、学習を権利としてとらえるところから出発したものであり、従来の女と男のあり方、それに規定される母と子のあり方を、人権侵害の問題としてとらえる視点に立つからこそ、公民館保育室としての価値があるわけですよね。先ほど述べた私への問題提起は、人権侵害の実態に目を開かせることでもあったわけです。いまこのことを言うとき、私は憤りに似た感情と、共感への期待で思わず力んでしまいました。それはいま述べたことが私の気持ちのなかから出てきたことばであることを証明してくれてはいないでしょうか。かつての私は、学習を「権利」としてとらえるとか、女の実態、母子の実態を「人権侵害」の問題としてとらえるということを、頭では納得しても、生活感覚に基づく実感とはなっていませんでした。自他の人格を尊ぶということが、人権感覚に結びついた実感となるまでには、距離がありました。保育室へ子どもをあずける営み、そして活動へのとりくみが、ことばや行動にあらわれた意識を問い合いながら、互いに人権意識を育て合う学習になっていったのですが、私にとっては、『子どもをあずける』の編集活動が、そのことをはっきり意識化していく大きな節目だったように思います。

編集後記に当たる章のなかに次のように書きました。

> ……これまで私たちにとって「子どもの人格を尊重して」とか、「基本的人権」というようなことは、ことばだけが浮き上がっていて生活のなかでの実感としてはつかみにくいものでした。だから主観的には子どもを尊重しているつもりでも、無自覚に踏みつけにしているようなことがたくさんあったように思います。けれどもいまでは、毎日の生活のひとつひとつの場面に、子どもの人権をまもる節目があったと気づくことができます。（略）おそまきながら私たちは、日常茶飯のなかでの人権感覚をしっかり身につけていきたい、と切望するようになりました。そして、公民館保育室は、子どものことを考え、伝え合うことを通して、生活の中に、日常の中に、人権意識、人権感覚をしっかり養っていく場なのだ、とあらためて認識したのでした。

（国立市公民館保育室運営会議編『子どもをあずける』一九七九年、未來社刊）

これは共同で書いた文章ですが、この共同に加わったひとりとして、まさにこのことは実感そのものだったんです。

　このころ、私はもう自分の子どもが保育室に通うということから離れていました。けれど、毎月発行される「保育室だより」を読むことで、「子どもをあずけることを通しておとなが学ぶ」ことを追体験していくことができました。「保育室だより」は、保育の内容が、おとなの学習とのつながりが、そして親たちのとりくみが、互いに相乗作用を発揮するかのように発展し、驚くような加速度で確かなものになっていく様子をしっかり伝えていました。親たちが、自分の気持ちに忠実に、仲間との人間関係をしっかり編みながら、日常のほんとうに小さな出来事のなかでのことばや行動をみつめ合い、問題をつかみとり、人権を尊重していく方向へ向き直っていく。そのきっかけは、たいてい自分のことばや行動へ投げかけられた疑問や批判を受けとめることにあって、その厳しさから身をそらさないことを見事に支援し合っている。そういう歩みに共感と尊敬を抱きながら、私もいっしょに学ばせてもらい、日々の暮らしでの人との関わりに照らしてとらえ直すことができました。これは決して私の努力によってそうしたのではないんですよ。それほど「現役」の人たちの活動には、私たちの気持ちを引きつけて離さずにはおかない強烈な響きがあったんです。そのことをこんなふうに書きあらわしたことがあります。この保育室に関わる大勢の市民で話し合ったことをもとに、武田てるよさんと私との対話形式にまとめたものなんですが。

かつて私たちが立ちどまったところに、同じように立ちどまって、その人らしいつかみとり方をして次のステップに踏み出す、そのふんばりに拍手を送りたい気持ち。つかみとったなかみが、私たちが大切にしてきた方向性のなかに位置づいているうれしさ。立ちどまり、つかんで踏み出す節目の共通性が証明されていく驚き。そして、ことがらそのものはすでになじみのことであっても、かつての私たちには届かなかった深いとらえ方に出会えたり、また、自分たちにとっては漠然とした受け止めだったことがらが、新しい人たちによってきちんと意味づけられ、自分たちももう一度つかみ直して次からは意識的な行動ができるようになっていく醍醐味……。だからいつも新鮮だし、いっしょに学び、いっしょに成長していくという実感がもてるのだと思います。また、私たちが年月をかけなんとか自分のものにしてこれたことを、より新鮮に前へ推し進めていく「いま」の人たちのパワーを「すごい」と、いつも言い合っています。

（東京都立川社会教育会館編『三多摩の社会教育』第64号所収「私たちの学習」一九八五年）

このように子どもをあずける活動と自分をつなげながら、「『子どもをあずける』を読む会」、それに続く「日曜学習会」を、大事な共同学習の場にしてきたわけです。

また私が職業としてとりくみ出した精神科看護のなかでは、精神障害をもつ人たちが不当に人権を侵害されてきた歴史があり、いまその実態を変えていこうとしている時代だということがありました。かつて精神科看護に携わっていたころの現場にも、そうした歴史の反映がなかったわけではありません。ただいまにして思うと、小さな規模で、病む人ひとりひとりに対するスタッフの誠意や創意工夫が生きて伝わり合っていました。私にとっては、それまでの偏見がぬぐいとられていく段階だったのかもしれません。しかし再就職での現場は、規模も約一〇倍、収容と管理ばかりが目に映りました。大変なところへ来てしまったとあせりもしたんですが、目前に見る現実がおおかたの精神科病院の実状だということもわかりました。毎日の仕事のなかで、明らかに人権を軽んじられている事態が見えるようになっても、自分たちが新しい方法をもたなければ解決されていかない悲しさがありました。いら立ちながらも、間接的に人権を侵害する側に立ち、業務に流されてそのことに鈍麻していくことを恐れました。新しい方法を模索しながらも、常に人権感覚を研ぎ澄ましておかねばならない必要がありました。このことは、暮らしのなかで人権感覚の未発達を自覚することと重なり合って自己課題となり、相互学習での共通課題につながりました。そしてまた、仲間のなかで共通課題にとりくむことが、私に自己課題との対峙を持続させていく力にもなりました。

そして、日常の暮らしや、地域や、職場で、人への向かい方、ことば、行動、そして物事に対する認識も少しずつ変化しました。また性差別に対し少しずつ敏感になるというか、さまざまな現象のなかに、これまでは気づかなかった性差別を感じとるようになりました。性差別に限らず、権利の侵害に対して憤る気持ちの動きも、いま自分のなかに前よりずいぶん育ってきたじゃないかと自分を励まし、大切に思うことのひとつです。そして近年の社会状況のなかでは、殊に、権力の見えにくい統制の進行に抗するものとして、「人権」をとらえていくことの重大さを痛感しています。国家とか、あるいはもっと小単位の「全体」のためと称して、個が軽んじられることを決して許さない力の確立。いつのときも、人間らしく自由に生き、結び合い、発達し合っていくことを、自分のなかに目指し続けることを、根底で支えるものとして「権利」をとらえ、これを育てていきたいと思うようになりました。こんなふうに大袈裟なことばにすると、なにか悲壮な覚悟を要することのように響くでしょうか。私の実感としては、気持ちのいい自分になっていくこと、というか、それほど力まずに暮らしにはずみをつけていくことのように感じているなかみを、あえてことばにしてみると、そうなるということです。

・「市民」になっていく

そのことは、「市民」になっていくことにつながります。市民が主体となって創り、支えてきた保育室への関わりは、自分もたんに利用者としているのではなく、保育室のあり方に責任をもつ者になっていくことを互いに求め合う活動でもありました。保育室存在の意味を問い合いながら、運営のあり方を具体的に点検していくことは、どんな社会にしていくことを目指すのか、その共通確認をし合うことと離れてはあり得ませんでした。このことを、保育室活動に講師として力を貸してくださっている藤村美津さんが、一九八〇年三月の保育室運営会議で次のようにとらえて、実践を補強してくださっています。

> 保育室で子どもができるだけ充実した時間をすごせるようにおとなたちが協力する、そういう最初の段階での共通目標を、いまという時代をいっしょに生きていく者同士として、未来に向かって歴史の一コマを前に一歩進めていくのだという大きな共通目標への射程距離のなかでとらえる。（略）未来への見通しのなかでいまの自分たちの共通目標をとらえるとらえ方が必要です。
>
> （国立市公民館保育室運営会議編『子どもを育て自分を育てる』一九八五年、未來社刊）

これによって、保育の場で、また子どもをあずける活動のなかで、そのことが意識化され、意図的なとりくみへと発展していった経過があります。私もそのとりくみに自分の体験を重ねながら、現実の自分のことにとらえ直しつつ、社会のあり方、その方向を共に目指していく者のひとりとして自分を位置づけていくことや、日常的な行為をそのことにつなげてとらえることを、少しずつ自分のものにしていきました。

また、いま改めてほんとうに貴重に思うことは、自分を市民社会の形成主体として自覚することは、もっと小さな限定された小社会を確かに形成していくひとりであることを実感していく体験の積み重ねの上に築かれたものだった、という側面です。まわりくどい言い方でごめんなさい。先ほど、子どもの保育園入園を考えるところでもちらっと喋ったこととつながるんですが。たとえば、自分が子どもをあずけるときに、本人にとってはちょっと配慮を欠いただけのことが、結果的にその日の保育に大変な影響を与えたり、形成されかけた子ども社会を崩すことになったりする。そればかりでなく、いままで自覚的にとりくんできた人たちによる積み重ねまで台無しにすることもある。また、たとえば、保育室運営会議への参加やグループ同士の関わりを通して、本人はそのときのせいいっぱいの誠意としてとった行動が、そこに関わる人の気づきを助けたり、壁をひとつ越える手がかりとなって、その連動が保育室をとりまく小社会の発達にまでつながる。そういう日常よくおこり得ることがらのひとつひとつに目をとめ、そのことを責めたりまたは個人的に評価したりするんじゃなく、個人のなにげない行動を人とのつながりのなかでとらえたとき、その人をとりまく小社会に及ぼす作用をしっかり客観視し合うことを通して、互いにその社会のあり方を形成し合っているひとりであることをつかみとっていく。そういう学習の意識的な積み重ねが、保育室活動にかかわらず、社会を形成していく責任と権利がそこに関わるひとりひとりに同じようにあることを、自分の感覚の一部にしていく力となったように思います。

しかし、私たちをとりまく社会の現実は、常にそのことを風化させるかの勢いで、私たちに迫ってきます。そういう意味では、いつも危機にさらされてきたように思いますし、今後もそうであろうと思います。しかし「市民」であることのプライドにおいて、自分自身に、社会の形成主体としての行動をとれる力を養い続けていきたいと思うようになりました。

殊に最近の市行政との直接的関わりのなかでは、以前なら、「どうせ行政とはこんなもの」と見過ごしていたことも、少なくとも自分が直面したことに関しては、「市民」として黙っていることはできないと思うようになりました。それは行政のあり方にも責任をもつ「市民」であることが、私のなかに育ってきたからではないかと思っています。

・学習をつくっていく者となる

これまでのなかで、すでにだいぶ述べてしまったように思いますが、触れなかった側面を伝えられるように努力してみますね。

公民館改築ということに向けて、保育室活動に関わる市民の大きな動きに関わっていったころのことを前段で述べました。あの活動は、市民が市民のための学習を組織していく大きな節目のひとつだったように思います。私にとっては、相互学習への関わりの初期ということになりますが、このころの私のなかでは、活動することの価値が先行していて、それが結果的に学習ともなった、というのが実感でした。たとえば「『保育室だより』を読む会」を開いて、その報告の「新聞」を出していく活動も、私たちいわゆる「現役」が中心となって続けていくことを応援する先輩の力がありました。自分たちのグループの活動記録を出すことを、すでに学習としてとりくんでいた人たちでした。でも、「自分たちの学習としてとりくむ」という先輩たちのことばは、いまひとつピンとこなかったんです。また、活動全体の大きなうねりが、ひとつ山を越えるたびに、よく武田さんたちから「学習としてどうとらえるの」と聞かれたんです。でも私は「これだけの人と、こんなことが共感できた」ということや、「状況を変えていく方向へ一歩進めた」というような充足感は大きいのだけれど、それを「学習としてどうとらえるか」という質問は、なにを聞かれているのかよくわからなかったんです。私たちがムニャムニャと答えるのを聞いて、「うん、まだ対象化できてないね」とよく言われたりしました。そういう働きかけが繰り返しあったんですよね。

そして活動としては、「『子どもをあずける』を読む会」のまず手はじめが、『子どもをあずける』を学習記録として対象化するという共同作業でした。これに並行して、保育室運営会議を中心に一九八〇年の東京都公民館大会でのレポート「学習としての託児」のとりくみがありました。保育室をとりまく活動の総体が、この時期、自分たちのいろいろなとりくみをはっきり「学習」としてとらえなおしていたんだなあと、改めて思います。

この作業のなかには、たとえば外から専門的な研究者や実践者を招いて話を聞く、ということもありました。

とりくみにおいてそのことは決して「自分たちよりよくわかっている人から教えられる」ことではなく、「その人の立場からは私たちの姿がどう見えるか伝えてもらう」ことであり、自己点検のための方法のひとつ、またこちらからも共感を結んでいくことでもありました。そういう確認をし合うだけではなく、そのように活動していきました。たとえば、講師の話の記録化は、単なる話の要約やベタ起こしではなく、記録者自身が咀嚼し、その人自身のことばに置き変えられた「私たちのもの」になるまで支援し合いました。これは私たちがこれまで受け身的な行為として認識していた「聞く」ということを能動的な行動としてとらえなおす実践ともなり、自分たちが主体的に行動していくための大きな手がかりとなりました。はじめからそのようにとりくみを設けてきたわけではなく、これまでの蓄積をもとにひとつひとつ納得できるところまで「これではちがう」とやり直しを重ねながら進めていったみのりでした。これまでの活動でもそうでしたが、とりくみの方法そのものが獲得なのだということをとても具体的に体得しながら、「ああ学習ってこういうことなんだ」と、納得していきました。こういうとりくみのなかで人がぐんぐん力をつけて輝いていく姿が見えました。また私自身も、仲間から「こんなふうに行動が変わってきている」と言われて、自分を対象化してみると、確かに自覚できる変化があるんですね。そしてだんだん自分を対象化してみることもできるようになる。自分への期待がふくらんで、たとえば文学作品の読み直しや、久しぶりの人やことへの出会いに際して、自分がなにを感じるかどんな新しい発見をするかと、とても興味をもつようになったりして。同時に、人への期待もふくらみました。そんな関係のなかで自分のなかで「学習」の価値が変化し、また、主体的に創り合っていくものとして「学習」をとらえるようになりました。そしてこんなふうに仲間を育て、互いに育ち合うようなとりくみを自分たちでしっかり組み立てていく力をもちたいと思うようになりました。これまで活動のなかで度々先輩たちから投げかけられた「学習として……」ということばも、共に自分たちの学習をつくっていこうと呼びかける声に聞えてきました。また私も私なりのことばで人に向ってそう呼びかける自分になってもいました。

「『子どもをあずける』を読む会」そして「日曜学習会」は徐々にとりくみを学習として対象化する目をもち、その時々の自分たちの実情に基づく共通目標を明確にして、獲得のための方法や条件、そして具体的作業をつくり出していくようになりました。そのなかで私自身も、地域での市民的運動等のなかでも、そのとりくみを市民的力量を養い合うような学習にしていきたいと思うひとりになっていきました。

また自分たちで学習をつくり出していくということは、成長への見通しをもつことなしにはあり得ず、その見通しは体験的に獲得してきたものですが、更に意識的に人の成長を科学的にとらえようとしてきた歩みがありました。『子どもをあずける』に「岐れ道」というレポートがあります。これは「民話の会」が、人の成長の節目の共通性に着目していったレポートですが、私は関わりの当初は、正直なところ、人の成長を画一的にとらえるようにも思えて、多少違和感がなくもありませんでした。でも人とのつながりができて、共に成長していきたいという動機をもったとき、もし人の育ちに共通性があるなら、それをとらえていきたいと思うようになりました。また事実、共に行動してみると、誰のなかにも、共通の囚われがあったり、「ひとつ壁にぶつかったとき、ある視点を獲得することで状況がひらける」という共通の体験があったんですね。人それぞれの個性のなかであらわれ方はちがうけれど、ちょうど誰ひとり同じ顔の人はいないけれど誰にも共通の構造や生理があるように。さらに、その成長を人と人との関係のダイナミズムのなかにとらえ、その発達の科学性を尋ねることはとても興味深く、たくさんの私たちの共通の体験を重ね合わせてその科学性を実証していくことができれば、ひとりひとりが育っていくことをお互いに援助し合う大きな力となるにちがいないと思うようになりました。それはちょうど、仕事においては、人が自分の力で健康をとりもどしていくプロセスへの援助としての、看護者の関わりのあり方を尋ねることに通じてもいました。私はいま、人間関係のなかにある人の成長の科学性を実証していくことに人の温みとロマンを感じています。

・水平な共感関係を結び続ける

保育室活動は、人と人との水平な共感関係を結び、共感の質を発展させていくことを、大事にし続けています。子ども同士、親同士、子どもと親、親と保育者、市民と職員、市民同士……、その関係のあり方を常に問い合ってきています。

実際に子どもをあずける場面や保育室運営会議等の場での、ことばや行動の点検。またたとえば、保育の場では、子ども同士が互いの違いを認め合い、尊重し合った上で、それぞれの力量にみあった分担、力の発揮によって、共通の目標を達成し合うような遊び方が、大事にされていますね。さらに保育者が親たちに、人と人との関係の結び目や発達の節目をとらえ、きちんと意味づけて伝えている。それを親たちがしっかり受け止めて、伝え返していますね。そのことを通して、親たちの共感が深まり、親たちと保育者がより高い共感関係に結び直され、保育が発展していっています。殊に私の追体験のなかでは、伝え合っている内容と、その伝え合いの姿そのものと、両方から学びとりながら、私もその共感の輪に連なるひとりでい続けたいと願いながら関わってきたわけです。

そして、自分がいつも同じ立場にいるのではなく、その時々の役割の果たし方をすることで、関係をつなげてくることができたように思います。関わりの当初は、そこに途中から加わったことを大事に、その位置にいるからこそ感じとれることを伝えていく。また、自分たちが活動の中心になることを自覚して関わったときを経、中心から少し離れた位置にいることでとらえやすいことを受けとめ伝え返していくというふうに、自分がいまどこにいるのかということを見定めて、その立場から関係を水平につないでいくということで、仲間にしてもらい続けているように思います。

また、市民としてのとりくみのなかで、たとえば改築に向けての活動で、私たちは市民も保育者も職員もいっしょに動いていたわけですが、動くなかで、互いの立場をはっきりし合うことに足を止める場面が、たくさんあったんです。日ごろ託児ということのなかでも問われ続けていた互いの関係のあり方。そこに焦点をあてていったみのりのひとつに『子どもをあずける』に収められたレポート「伝え合い」があります。

ちょっと拾い読みしてみますと、

> 私たちは、公民館の働きかけが先にあって自分が触発されたと思っていたり、公民館が市民の要求を先取りしていたと思っていることが多かったけれど、それは、職員の側から見ればそうではなく、先に市民の動きがあって、そこからあがっていたサインに職員として呼応したという関係になるということもわかりました。単純化して言うと、市民の動き、サインに呼応して職員が動く、その働きが助けとなって市民が動き、状況が変わる、そこから次のサインがあがる、職員はまたそれに呼応して次の動きをするという相互関係だったのです。（略）仲間同士のやりとりのなかでもサインを受けとめ合ってひとりひとりの視界が開けたり、グループの活動が展開していった経験はだれにもありました。ただ、そのサインというのは、本人が自覚していないことがままあるのだけれど、どんな〈声〉もサインになるというのではなく、無意識のうちにも本人のなかで凝縮され、人の心をとらえる真実性や普遍性をもったものに高まっているとき、サインになっていることに気づきます。そして、そのサインをどういう高みで受信するかによって相互の関係の質が決まっていくのでしょう。また、最初は、無意識に出していたサインも、人との関係のなかに居る自分が見えていけば、だんだん自覚的に出せるようになる。しかも、人との関係や状況のなかで、いま、自分がどういうことを伝えることがお互いにとって大切かを判断できて、意識的に行なうようになる——そういう〈伝え合い〉が、ひとりひとりを育て、互いの関係の質を育てる大切な方法だと、いま、私たちは思っています。
>
> （前出『子どもをあずける』）

そして、子どもを育てる間柄に限らず、人との関係を結ぶ基本的な力が、この「伝え合い」の力である、ととらえたんです。これまで実践していたことを、このようにことばにしたことは、とても力になりました。学習の場でも、仕事や地域での暮らしのなかでも、たとえばわかっている人がわからない人に教えるとか、指導する側される側とか、そういう固定された関係ではなく、いつも人と人とが対等に向かい合いながら、共通の目的に向かってそれぞれの立場での役割をしっかり果たすことで、互いの共感関係を結び合い、その質を高めていくということを、自覚的に実践しようとし出したとも言えます。

仕事においては、その伝え合いのなかで、専門性をどう発揮するかが問われるわけです。専門性といえるだけの内容を自分のなかに確立させていくことが課題になります。同様に、いろいろな場面で、私たちはそれぞれのことに即した専門性の発揮を人にも期待する。その専門性の発揮を水平な位置で受け止め、それをうのみにするのではなく、主体的に判断していくための大切な援助として自分のなかにとりこみ、自分自身のことばや行動になったときにまた人に伝える力にもなっていく。そして社会生活のなかで専門性を分かちもつことが職業なのだというふうにも思うようになると、いろいろな専門職に対して、妙な気おくれや優越感を感じなくもなりました。私がかつて自分の進路を選択したとき、自分としてはすでに職業に対する世間の差別的価値観を超越しているつもりでいました。しかし全ての職種を暮らしのなかでつながり合う視野において水平にとらえたわけでは決してなかった、といまにして思います。仕事に限らず、学習の場、日常の暮らしの場でも、人と水平に向かい、共感関係を結んでいくことが、自分からの要求となり、そうでない関係には居心地の悪さを感じる自分が少しずつ育ってきました。年齢や性の違い、個性の違い、役割の違い、立場の違いが、上下、優劣、あるいは支配・被支配になってしまっていた従来の人との関係の結び方を、少しずつ改革してきた。——とても頑固で、まだまだ私のなかに根強く残っていますが、変革の方向にいま向かっている、ということができます。

4　学習のなかで大事にしてきたこと

・自他の人権・人格の尊重と「平等」のなかみを事実に即して問い合う
・ことばや行動にあらわれた意識を問い合う
・行動やとりくみを共通目標への射程でとらえる
・暮らしに根づく人間関係を編む
・市民が主体になって、方法・内容・とりくみの構造をつくり出す

ほとんど、これまでのなかで述べてきたと思うので、項目としておさえるだけにさせていただきます。未整理のまま言い放ったり、言い切れなかったことがたくさんあるのですが、今後、これらのことについては、またいろいろな人からレポートされていく見通しがあるので、私もそのとりくみに加わっていきながら、そこで発言していくということにさせていただきたいと思います。

5　いま、めざしたいこと

・性差別のない社会づくりへの連帯
・新しい文化創造へのとりくみ

「3　自分自身を生きる」で述べてきたことは、本来、誰もがおとなになるまでの成長過程で育てられるはずのものだったじゃないか、と思うんです。また、タテマエとしては公教育のなかで育てられることになっているし、それに改めて問い直されなければ、私も育っていないことに無自覚でした。いったい学校教育は私たちにとってなんだったんでしょうね。民主主義の発達や、人が人らしく育つためのものとしての「教育」を、著しく阻害してきたたくさんの要因。それらはますます太って勢いを増すばかり。民主主義も教育も、もっと後退していきそうな今日の社会……。見通しは決して明るくないですね。でもね、私たちの出会いを考えてみたって、みんな偶然出会っただけなんですよね。特別の人が集まったわけじゃない、たまたま国立に住んで、暮らしのなかでちょっと立ち止まったとき、行ったところが公民館だった、そして女性問題学習だったというだけのことでもありますよね。そのなかで人と人が、こんなに生き生きと育ち合おうとしてきた。そしてその輪はどんどんひろがり、なかみも濃くなっているじゃないか、と思うんです。だから誰のなかにもある人間らしいプライドを信じられるし、これから期待していけると思うんです。そういう目で社会を見渡してみると、底流で流れを変えていこうとしているいろいろな市民のパワーも見えてきます。そして、性差別ということで言うなら、一〇年前といまでは少しは変わってきている面もありますしね。

　そしてこのごろよく思うんです。私たちすっかり民主主義の社会で大きくなったように思っているけれど、たとえば、女性に参政権もなかった時代からまだ五〇年ほど過ぎたばかりの今日なんですよね。私の祖母くらいの人たちが、普選運動をし、男たちは、まだ「政治は女子の本分天職に反する」なんて言っていた。性差別という人権侵害が社会的に認知されないほど民主主義が未成熟だった時代から、まだほんの少ししか経っていないんですよね。性差別がつくられ根を張った歴史からみたら、まだ黎明期なんだなあと、殊に最近新たな眼で歴史を見直しながらしみじみ思ったりします。そして同時に、まだ未明の時代に市民的抵抗運動を巻き起こしていた女たちのパワーに、目を開かせられます。中央で活躍していた人たちの存在は、これまで自分とは遠い人たちのこととして知識としては知っていましたが、近年の市民の歴史の掘り起こしに触れてみると、たとえば地方の小さな地域にも、男たちにつぶされて悔し涙を流しながらも希望を捨てずに学び合い、立ち上がり続けた女たちの歴史が刻まれているんですね。市民のそうした学習と運動が歴史を動かし、民主主義を発達させてきている。その続きのいまなんだなと、おそまきながら感じ入っているわけです。ごく近年のことになると、発達させるというより、荒廃を押し止めていると言うべきかと思うことが多いですが……。でも長期的にみたら、発達のプロセスの一局面というふうにとらえたいですね。

　おとなが育ち直すということは、それまでの積み重ねを崩していくことであったり、もうすでに固定化している人間関係を変えていくことであったりするので、とても大変なことだと思います。

　ひとりひとりのおとなが自分らしく自由に育ち直していくことが、地域の人間関係のなかに組織されていって、誰もが人間らしくその人らしく生き合える社会を創っていくという共通の目的に結び直されていく。そしてそのとりくみを発展させていくひとりひとりが、とりくみのなかからその人の要求に応じて人間としての成長の手がかりを得ていく。ひとりひとりの成長は、さらにとりくみを発展させる力になっていく。——この〈循環〉の総体を、私は「学習」と呼びたいと思います。この〈循環〉をより発展させていきたいし、市民の自己教育、相互学習を絶やしてはならないと思っています。

　そこにいつも新しく加わる人がいて、その新しい目でとらえたことをその位置から発言していくことが、他の人にとっては原点の見直しや、問題提起ともなる。互いに成長を応援し合いながら、人間としての土台を耕し合い、既にわかったつもりのこともより確かなものにしていく。全体のための個でもなく、個のための全体でもなく、人が「その人らしく自由に生き、人間性を開花させること」と、「民主的な市民社会の形成主体となること」を矛盾なく実現させていく。この共感関係を、地域に根ざして発展させていきたいですね。

そして、性差別のない社会づくりへの連帯、新しい文化創造へのとりくみという、この時代の社会の共通目標に向けての射程のなかに、私たちの学習をしっかり位置づけていくことをめざしたいと思っています。

（一九八七年一一月一五日、女性問題学習：「私たちの女性問題学習」一期レポート）

四　公民館活動としての女性問題学習のあり方

女性問題講座「私たちの女性問題学習」実行委員会

序

人は誰でも、いつの時期も
人との関わりのなかで
自分らしく生き
成長し続ける権利をもっている。
また、誰もが
その属する社会の形成主体として
互いに関わり合いながら
社会がめざす方向を選びとり
内実を創り出して行くメンバーであることを
尊重されなければならない。
そのために学習は不可欠の条件である。

女だから、主婦だから、子育てのあいだは……と外され、軽んじられる。
その不当に気づかず、怒らず、折り合う自分と決別するために
そんな社会のあり方を変えていくために
学習は重要な権利であり、社会の必要である。

地域の暮らしに根ざして
公的条件整備をもって
市民の主体的な活動として
ひとりひとりの幸福の追求を公共の福祉に結ぶために
学習は守り続けられなければならない。

女の暮らしも、人々の意識も、変わったと言われる。
だが、変わり難い社会構造との狭間《はざま》にある葛藤や
「多様な生き方」へのすり替え等
性差別は違った様相を呈しながら
はびこり、見えにくくなっている。

「女性問題施策」の名で、行政は女を「啓発」の対象にし
「生涯学習施策」は、学ぶ者を「情報」の受け手に止《とど》めている。
かつて国家は、大義のもとに「聖戦」へと国民を「教育」した。

いままた、「国際貢献」の大義がもち出されている。

「啓発」「教育」される客体ではなく
一方的に流される「情報」の受け手ではなく
あくまでも、自ら学ぶ主体であり
自らの動きで歴史を拓く主権者であり続けたい。

優劣を競い合ったり「資格」に粉飾されるためではなく
誰もがかけがえのないひとりひとりであることを尊び合い
相互批判をくぐらせて磨き合いながら
その成長を互いに喜び合い
共に、誇り高い市民となることをめざしたい。

そんな学習を創り続け
みんなのものとして共有されることを願って
私たちの〝女性問題学習論〟を提起したい。

一九九三年十一月、いま
私たちの地域の公民館における女性問題学習の
三十年にわたる実践を踏まえて。

1　公民館活動としての女性問題学習についての基本的認識

（一）女性問題を、性による差別・女性に対する人権侵害の問題ととらえ、

（二）差別されてきた性・人権を侵害されてきた性である女性自らが、女性問題解決の主体であり、

（三）啓蒙・啓発・教化の対象ではなく、自ら学ぶ主体である。

（四）女性問題学習は、たんに女性に関する学習や女性を対象とする学習ではなく、女性問題を解決していく学習活動でなければならず、

（五）とりわけ性差別・人権侵害による人格形成の歪みに着目し、共に人間性を獲得し、人格発達をめざすことを学習の中心に据え、

（六）市民が、相互に学び合い育ち合う人間関係を地域に結ぶ共同学習である。

2　目的

（一）女性問題解決をめざし、

（二）互いに支援し合って自らの女性問題状況を克服していく力量を養い、

（三）差別のない民主的な地域社会を形成して行く力量を養い合う。

3　学習の展開にあたって欠かせない視点

（一）女性問題認識において

①私たちをとりまく女性問題状況は、社会構造の所産であり、人権意識を欠いてつくられた「文化」を反映したものとの認識に立つ。

②当たり前としてきた社会通念・慣習・伝統になっている差別、人々の意識のひだに潜む差別に焦点を当てることを重視する。

③性差別においては、未だ誰もが差別意識から自由ではないとの自覚に立つ。

④女性問題解決を、「男性を目標にすること」ではなく、「新しい関係のあり方、新しい価値、新しい文化を創っていくこと」ととらえる。

⑤女性を産む性と決めつけたり、妊娠・出産・育児等を理由に女性を社会生活から隔絶していることを不当かつ危険であるととらえる。

（二）成長観において

①人は人との関わりのなかで育つ。

②人との関係を、対等に、互いの人格・人権を尊重し合う方向に結び変えていく力の育ちを「成長」ととらえる。

③関係の質を互いに高め合うところに人格の育ちをとらえる。

(三) 学習観において

① 個々の学習主体が自ら、自己変革への要求をもつことが基点である。

② 関係のなかで、意識・行動・生活を変え、その変革によって関係を更に高め合うダイナミズムを「学習」ととらえる。

③ 自己教育力・学習を組織していく力量を養い合うことを重視する。

(四) 「市民」をどうとらえるか

① 主権者として

② 権利主体として

③ 学習の主体として

④ 女性問題解決の主体として

⑤ 常に市民性を磨き合う方向に向けて連帯する者としてとらえる。

(五) 「公民館」をどうとらえるか

① 独立した社会教育機関として

② 基本的人権としての学習権を保障する場として

③ 地域における人権学習の拠点として

④ 地域の民主的な人間関係を育て合う場として

⑤ 個別の問題を共通の問題につなげ、互いに公共性を練り合い高め合う場として在る。

4　方法

（一）内容

①　問題意識を育て合う。

②　女性問題の克服を支え合う。

（二）テーマ

女性問題状況を端的に浮かび上がらせ、問題を把んでいく上で欠かせない切り口として、「歴史」「性」「労働」「育児」「老い」「法」「政治」を挙げることができる。ライフサイクルの節目において多くの人に共通の課題でもあり、女性問題学習への種々な入口ともなり得る。これらは別々に存在するものではないので、たとえば「歴史」の切り口から「性」や「労働」を学び、「労働」の切り口から「育児」や「法」「政治」を学ぶというように重なり合う。

市民の主体的な学習活動のなかで社会的現象との関わりや学習者の要求や実態によって、課題として選びとられていく一方、公民館がテーマ別に系統的な学習の場を設定して市民に問題提起をしていくことが必要である。

（三）方法

方法は、実際に学習の場に集まった人たちの実態に即して生み出され、その主体性において積み重ねられるところに意味がある。単なる手段ではなく、学習者が方法として意識化し、獲得すること自体が、学習の内容ともなり得る。また方法そのものが問題提起を含み、活動内容としてとりくむ具体的課題を意識できるものであることが必要である。地域の特殊性や、出会う人々の個性や相互性を生かしたさまざまな方法が生み出されることを大切にしたい。それらのとりくみにおいて、今日の社会状況を踏まえ共通に方法となり得るもの、あるいはひとつの問題提起としての方法をここに述べたい。

① 伝え合い

女性が「主婦」的役割を負わされてきた文化のなかで、女性が社会的つながりのなかで個として自己表現する力の発揮が、外からも内からも抑制されてきた。たとえば女性がひかえめであることを好もしく評されたり、当りさわりのない言葉や態度で周囲をまるくおさめる役割を期待されるような文化も、今日まだ根強く存続している。抑制されて育ちそびれている能力を属性のように言われたり、自認してしまう悪循環も加わって、自己表現のみならず、他者からの発信を対等な位置で受けとめ、返す力の抑制ともなり、これらは人間関係を結ぶ基礎的な力の育ちを阻害している。

「話す」「聞きとる」「伝え返す」また「書く」「読みとる」「伝え返す」を要素とする伝え合いは、共通の目的に向けて（あるときは目的を共通にするために）自分の気持ち、考え、事実および問題意識の表現を、対等な位置で受けとめ合い、呼応し合う往復運動を積み重ねながら、受信の質、発信の質を高め合い、相互関係を育て合う活動である。発信は必ずしも「話す」「書く」ではなく行動であったり、また、なにげないつぶやきだったりもする。たとえば、そのなにげないつぶやきも相手に聞きとられて「それはとても大切なことだから、みんなで考えられるようにもっとはっきり言ってみようよ」と励まされたり、はっきり言うために、他の人が別のことばや事例に置きかえて「こういうこと？」と伝え返すことで、問題が共有されながら、発信者に戻されていく。そこで発信者が自己課題として相手に伝わることばに言い換えていくとき、援助としての伝え合いのキャッチボールが成立し、発信は人に伝わる確かな内容をもつものになっていく。またあるときは、「いいこと」として報告された事例に「え？　それはどういうことかしら……」と疑問が投げかけられて、ことがらの意味や解決の方向を問い合うことになる場合もある。もちろん、先に挙げた例のプロセスにおいても同様であるが、伝え合いのキャッチボールが相互批判を伴うところに大きな意味がある。ハッとしたり、ズシッとくる、ときには自己の深層をえぐられるような思いをも互いに味わいながら、「それは人をどう見ることになるか」「どういう価値を選びとることになるか」と尋ね合い、自分では気づかなかった事象に潜むさまざまな側面を見たり、自分の差別観や偏見にも向き合いながら、解決の方向を選びとっていく。個々の主体性において、である。このような活動を積み重ねながら、人との関係や状況のなかで自覚的に適切な発信・受信を行う力が育ち合う。

発信・受信は、単線と限らず、複線となることも多い。更に定位置でのキャッチボールではなく、互いに進んでいく方向に向けて動きながら、相手が受け止める位置を測って、いまの位置より先に投げる、走っていって受け止める、という関係も積み重ねのなかで育ってくる。この活動は、また他の全ての方法の要素ともなる。

伝え合いが成立するためには、まず、互いに育ち合う者として向かい合うことが前提となる。女性問題学習は、当たり前としてきた通念や意識のひだに潜む差別観にまで届く変革をめざす学習であるので、ことばや行動に現われた無自覚の意識を互いに照らし合うことが重要な要素となる。また、「社会的つながりのなかで、他者に正確に伝わる自分のことばをもつ」という課題を互いにもちながら、共にどういう社会のあり方を目指すのか、どんな文化を創っていくのか探り合う学習なのである。これらの了解がないと「ことば尻をとらえてとやかく言われる」ということになったり、「そんなつもりで言ったんじゃないのよ」「わかる、わかる」と流れ、学習は成立しない。批判を受けとめ合うことが、互いを尊重し合う内容のひとつとして、言い換えれば相手をいい加減には遇しない具体的行為として、互いに意識し合える関係へと人間関係を耕すことのなかで伝え合いは実を結んでいく。

次に、学習場面において、たとえば前出の例で言えば、「それはとても大切なことだから……」「え？　それはどういうことかしら……」というような問題提起が起こる必要である。共通の課題にしていく節目、発信・受信の質を転換させていく節目となる問題提起を起こしていく力は伝え合いのなかで育つものであるが、いつでもそのアンテナを張って、必要に応じて働きかけを行う職員の存在は重要である。

また、伝え合いの多角的往復運動は、常に水平な位置関係で行われることが重要ポイントである。「教える人―教えられる人」「わかっている人―わからない人」という図式にならない、経験や立場あるいは視点を違えてみると「私にはこう見える（聞こえる）」という関係を貫くことである。更に、気持ちの動きを置き去りにはしないことが大切である。伝え合いは、ゲームやことば遊びではない。気持ちを伴ったことばや行動によって人間と人間が関り合い、暮らしそのものを、生き方そのものを問い合い、変革していく方法なのである。

② 共同して書く

共同して書くことは、伝え合いのプロセスでもあり、また、伝え合いを要素とするダイナミックな共同作業である。

今日書くことは日常生活のなかに少なくなってきている。殊に「主婦」的な暮らしにおいては非日常的なことでさえある。書くことは、話すこと以上に厳密な言語化の活動であり、よく「話しているときにわかったつもりだったけれど、書こうとするとつながっていかない」ということにぶつかる。また、話していたときには気づかなかった不確かさがはっきり見える。書くことは、事象を対象化したり、論理を構築していく力が求められる。だからといって、書けばその力が育つというものでもない。書くことが人とのつながりのなかで人に伝える目的をもって行われるとき、初めてその人のものの見方や問題のとらえ方が問われ、その背後にある人間観や価値観が問われることになる。その作業を共同で行う。学習方法として限りない学びとりの可能性をもつ宝庫である。

とりくみの糸口はさまざまであるが、たいていはグループのなかで共通認識された大事な気づきや問題提起を他のグループの人たちといっしょに考えたり、共有し合うことを目的として作業が始まる。気づきや問題提起は、具体的な出来事やとりくみに基づいているので、それらを記録し、自分たちのためにしっかり対象化しておこうという目的も併せもって行われることが多い。まず、目的や内容の討議に基づいて、書き手となった人がたたき台を作る。それを読み合い、事実のとらえ方や問題のとらえ方、伝える目的に向けてのことばの選び方等を検討し合う。書き換える。検討し合う。書き換える……を重ね、目的に添って内容が確かになり、伝えたい思いの水位に文章が達するまでこれを続ける。初めは文章力が問われるように勘違いすることがあるが、実際問い合うのは、ことばの使い方や組み立て方に表われた意識や価値観、筋の通し方や人への向かい方である。

いろいろな考え方の折衷ではなく、妥協できる線を出すのとも違う。書き手はその人の主体性において、「自分たち」の事実や状況、認識や問題提起を書く。読み合いのなかで、「ここは私の実感とは違う」ということがあれば、互いにその違いについて検討し合い、いま自分たちのなかになにを残しておくことを選ぶか、また、他のグループの人たちといっしょに考えるためになにを伝えることが大事か、と話し合う。書き手がその人自身のなかに「自分たち」と言い切っていける内容をとりこみ、絞りこんでいけるように、そして、「自分たち」の論理が組み立って人に伝わるものとなるように伝え合いを行う。書き手はひとりとは限らず何人かの人に引き継がれながら仕上がっていくこともある。このプロセスで書き進んでいけない事態に遭遇することがある。互いの責任の果たし方の問題であったり、目的や内容の確認の不充分さであったり、「私たち」として筋を通していく主体の不確かさだったりする。当たり障りのない関係や、社会的なつながりへと結ぶ自己主張をもつ必要のない暮らしでは気づくことのない自分自身の弱みに直面することになる。このとき、個々人の弱みとして互いに引き取るのではなく、問題を問題として直視しながら共通項を結び、まず自分たちの実態を認識し合うことが重要である。そこに性差別の問題意識を重ねること。そこから共通の課題を立てていくこと。ここを共同でくぐったとき、共同して書くとりくみは、新たに意識的な自分たちの方法となる。

それだけの作業を行うためには、かなりの労力と時間を要する。暮らしのなかに集中できる条件と時間をつくり出すことも大きな課題となる。この条件づくりのための支え合いのあり方をも重要視し、日常生活の組み替えや人間関係の編み直しにつなげることが、「共同して書く」ことのみのりを豊かにするための重要ポイントである。続いて述べる「学習としての託児」は、その支え合いのあり方へのひとつの提案でもある。

③ 学習としての託児（公民館保育室活動）

性別役割分業を変えていこうとするとりくみは、女性が働き続けられることや学び続けること、またなんらかの形で社会的な活動をもち続けることを広げてきている。しかし、社会構造そのものが根本的に変わらず、人々のなかに染みついた意識もそうたやすくは払拭されないなかで、女性が全面的に主婦的役割を担うことに降伏していったり、またある程度受け入れながら仕事や活動を両立させていくというのが多くの現実である。殊に子育てということになるとまだまだ「どちらを優先させるのか」と女性の側だけが問われ、さまざまな行政施策もその現実を肯定するかのように、子どもを母親に付随するものとして推し進められている。この部分がある意味で女性問題解決のネックでもあり、また、女性のライフサイクルにおいては女性問題の現実にぶつかるところでもある。だからこそ、社会教育の場においては、女性問題学習においては、ここに切りこまなくては意味がないし、また、この時期の女性へのアプローチが重要な課題のはずである。

現実には、まずは幼い子どもと二四時間密着して暮らしている母親が、学習の機会を得るために必要な条件整備として託児が始まる。しかし、そこにとどまっているなら、結局は母と子をワンセットにしてとらえる見方や性別役割分業を肯定し、むしろそれを支える機能ともなってしまう。あずける親たちが、保育者と協力して「子どもたちのための場」となるように考え合い、行動し合う。「たち」であることがポイントである。つまり、「自分の子のため」ではなく「子どもたちのため」という視野でとらえていくこと。そのために親たちは共通の課題をもち合う関係に立つことになる。子どもたちの場をいいものにするために、親たちが保育者のメッセージを受けとめながら協力し合う。その協力が子どもたちのなかに活きて、子どもたちの場が質のいいものに変わっていく様子が保育者から伝え返される。そのことによって、人が育つということをどうとらえるのか、なにを育てようとするのか、どんな支援のあり方、関係のあり方が人を育てるのかを共に具体的につかんでいくことができる。「いいものに」の内容は、人権尊重の具体化としての人間関係の結び合いであること。日常の些細なことがらのなかに人権をとらえる目を養い合い、人権尊重を日常の暮らしのなかにとり戻していく実践であることが重要である。

この伝え合いにおける保育者の役割は大きい。子どもたちが、互いを尊重し合い、対等な関わりを結び合っていくような保育を親たちの協力によって実現させていくために、親たちになにをどう伝えていくかがキーポイントとなる。旧来の育児観や女性観に対する問題意識や子どもの成長をとらえる視点がその内容や方向を左右する。また、子どもをあずけて「個」に戻った、おとなの学習内容が、さまざまな切り口から女性問題をつかんでいく学習であることが重要で、その学びの一環に学習としての託児は位置づく。殊に、託児からの学びそのものをテーマと結びつけた講座が設定されることによって学習としての託児が確かなものとなり、そのみのりがさまざまな人たちに共有されて女性問題学習全体を豊かなものにする。

しかし、個々の母子にとって公民館保育室は実際には生活のほんのひとコマにすぎない。このひとコマをてこにして、子どもにとってもおとなにとってもほんとうに人間らしく成長し合う関係を地域の暮らしのなかに創り出していくことが重要なのである。実際に、たとえば共同で書くというような作業にとりかかるときには、すでに公民館保育室に子どもをあずけることで確保される時間では足りなくなるし、また、子どもたちにとっても保育室でのつながりをもっと日常的なものにする大切さもわかってくる。地域のなかで保育の試みがなされたり、また、家庭での子どもと父親との関係が見直されたりする。幼い子どものための社会的な場がないことにも目がいく。おとな自身も、もっともっと個としての自分を耕す場がほしくなる……。暮らしを変えようとする試行錯誤は、もう孤立してではなく、地域のなかで支えあう人間関係を編みながらとなる。

保育室活動がここまでのひろがりをもったとき、子どもたち自身も母子密着の孤立した生活から解放され、人とのつながりのなかで成長を得ていく環境をもつことになる。そのことなしでは、構造的に子どもたちを親の都合で連れまわす域を出ず、女たちの人権をとり戻そうとするとりくみが、子どもたちの人権軽視を伴う矛盾を超えることはできないだろうと考える。

④ 組織化・構造化

これまで述べてきたどの方法においても、意図して学習を組織していく機能が欠かせない。組織とか構造というとそれ自体が実態に先立って存在するもののようにイメージしがちであるが、ここで述べようとする方法としての組織化・構造化とは、学習者の実態のなかから、学習をつくり出していく働きであり、個々バラバラに利益を得ていくのではない、相互に人間関係を編みながら学び共有し合うための方法である。

共同して書くことを含め、伝え合いは、「ではこれから伝え合いを始めましょう」というようにスタートするのではない。嬉しい気づき、困った出来事、活動上のトラブル等を「人に伝えたい」「いっしょに考え合いたい」「解決の糸口をつかみたい」という思いや必要から始まる。その発信に対して、「いい質で共有し合いたい」「いい乗り越え方をしよう」というような受けとめがあるかないかで、只の報告やグチや非難で終わるか、学習にしていくかが分かれる。

後者への水路が開かれてとりくみが行われるとき、どういう共同の体制が組まれるかが問題となる。たとえば、どれだけの規模でとりくむかは、その問題の種類や性質によって異なるが「〇〇グループのあの体験はとても参考になると思うからいっしょに話してみるといい」とか、「〇〇さんはその問題意識が明確だから」また「私たちのグループも同じ問題を抱えているのでいっしょにとりくみたい」というように情報を交わし合いながら、人と人、グループとグループが関係を結び合う。問題をとらえていく視点が多角的になり、とりくみが厚みをもつ。とりくみの時間をつくり出すための支援の体制も、さまざまに人の条件を重ね合わせることで確実となり、それを個の暮らしの組織化への一歩ともすることができる。

更に、とりくみの全貌をもっと多くの人たちと共有するためのメディアをつくり出していくことによって、より多くの人たちの共感や批判を受けとめながら活動そのものが積み重なり、貯えられていく。

さて、これらのことが偶発的に起こるのを待つのではなく、必要なときに起こるべく配慮し合う機能をもってこそ、教育機関と言うことができる。始めは職員の力によるところが大きいし、また、常に職員の働きはなくてはならないが、学習の積み重ねのなかで市民がその機能をつくり出し、つくり続けることを重要視したい。市民が学習の主体者であることの大きな要素とも言える。

ちなみに、私たちの保育室活動においては、学習の積み重ねのなかで、市民の自発的な必然的な動きによって「保育室運営委員会」が発足した。親たちが、個々の受益者にとどまらず、保育室のあり方に責任をもつ総体となるために。そして、保育室の学習としての機能をつくり出していくために。「保育室運営委員会」発足のきっかけは、毎月一回開かれ続けている「保育室運営会議」で、いつも年度の初めに行われる保育者グループからのレポートを受けとめようとする行動からだった。このレポートが年々その保育内容の確かさと共に、託児を学習にしていくための親たちへのメッセージ性の高いものとして発信されるようになった。それまで「運営会議」で親たちも保育室運営に責任をもつ市民としてのつながりをつくり続けて、実質的には学習を組織していく活動は行われていたなかでの受信の体制づくりでもあった。委員は、機械的に各グループから一名というような選び方ではなく、全体のなかで誰がいいか、と考え合う。キャリアのある人とか、「よくわかっている人」というような選び方は決してされない。それぞれが課題をもって、期待を受けながら委員になり合う。誰かが責任を負うのではなく、誰もが主体的であるための委員を選ぶ。

　また、保育室活動に限らず、さまざまなとりくみに実行委員会が組織される。それぞれのグループの活動の実態や課題を集め、市民自らプログラミングを行い、見通しをもって学習が組まれると同時に、プログラム通りに行うことに固執せず、そこでクローズアップされた問題に焦点を当てる等、動きのなかに浮上してくる課題に向けて必要に応じてプログラムをつくり換えながらとりくみをみんなのものにしていく。とりくみが当初の目的に達したとき、立ち止まってとりくみの意味づけを共同で行い、そこから新たな共通課題を生み出し、次のとりくみがスタートする。目的に添った実行委員会が新たに組織される。

（四）職員・講師・保育者の役割、そして市民として

職員の役割は、学習者の実態に即し、学習者との関わりのなかで生み出され、確実化していく。

　いま、ここに市民が求める職員像を描こうとするなら、まず第一に「これまでに述べてきたことがらへの支持」が挙げられる。しかしそれは市民が一方的に規定するものではなく、関わりのなかで、それぞれの立場から、互いの主体性において尋ね合う営みによって共有されるのでなければ意味がない。

　次に、学習が女性問題克服に向けて実っていくための具体的援助はどうか。関わりのなかで必要に応じて生じた働きかけに、学習者がどう応えたか、その行方を見届け、学習者相互の教育力の発揮を促したりつなげたりしながら、展開をフォローしていく。その具体的な働きを学習者が受けとめ返し、学習に必要な援助として意識して伝え返すことで、職員のなかに方法論の素材をあずけていく。職員のパーソナリティのなかで培養された方法論が学習場面に戻される。

　このような循環のなかで、具体的援助の内容が確立していく。学習者に対する成長への期待や、人格の尊重がタテマエではなく、関わりのなかでの手応えや実感に裏うちされるなら、援助は更に力強いものになるだろう。

それでは、スタートの地点で最低欠かせないものはなにか——

性差別への怒り。女の問題状況を性差別による歪みと見る視点。人権の尊重。学習主体に対して援助者としての位置への立脚。女性問題解決に向けての女への連帯。そしてその先、役割の果たし方を市民との関係のなかで問い続けることではないか。

　学習の展開において、問題意識の明確化等、学習活動の補強のために研究者や実践家の力を借りる必要が生じる。講師の専門性に対して、ともすれば一方的に「教えてもらう」関係に傾き易いが、学習者の側が自分たちの状況の共通認識と展開の方向性を明確にもつことによって、主体的に内容を受けとめる関係に立ちたい。また、学習の状況や姿勢をあらかじめ講師に伝えることによって学習場面はより焦点が絞られたものとなる。

　講師と職員のあいだに、共通の目的に向けてそれぞれの立場からそれぞれの関心や課題の接点をつなぐ作業があるとき、その連携が援助をより力強いものにする。更に学習者が受けとったものを講師に伝え返し、互いの関係を結び合いたい。

　学習場面においては、市民はその実践や研究の成果に学ばせてもらう立場であるが、女性問題解決という目的に向かっては、同志的共感に立てるそんな人を私たちは講師として迎えたい。

　保育者は保育をするだけではなく、保育を軸に女性問題学習を支える役割を担う。公民館保育室活動が旧来の育児観や母子関係の在り方を問い直す機能をもつためには、問題提起となり得る保育が行われることが大前提であるが、そのことを親たちが感じとれるような、またそのことに親が関わっていくための伝え合いが職員との連携によって行われる必要がある。

　市民は、「○○の親」として子どもを託す信頼を基点に「子どもたちの場」をいいものにしていく共同の関係、そして保育室運営のあり方に責任をもち合う関係へと、保育者集団との関係を発展させていくことが課題となる。

更に、市民は職員、講師、保育者とのあいだに、市民の主体的な要求に基づくとりくみの「公共」の質はどうか、気づかずに他の人権を侵害していないか、新たな差別を生んでいないか、易きに流れて方向を違えていないか、これらの問題提起を常に発信し、受信し合う関係を絶やしてはならない。自己点検の目を育てることと併せてである。

（一九九三年一一月「問題提起　公民館活動としての女性問題学習のあり方について」より）

学習としての託児——くにたち公民館保育室活動

発行——二〇一四年四月二十日　初版第一刷発行

定価——(本体三五〇〇円＋税)

編　者——くにたち公民館保育室問題連絡会

発行者——西谷能英

発行所——株式会社　未來社

〒112-0002　東京都文京区小石川三—七—二
電話・代表　〇三—三八一四—五五二一
http://www.miraisha.co.jp/
Email: info@miraisha.co.jp
振替　〇〇一七〇—三—八七三八五

印刷——萩原印刷

ISBN 978-4-624-50134-1 C0036

附　くにたち公民館保育室問題……「記録」より

NO. 1

記録

2006. 6. 6

昨年度は公民館保育室40周年の節目の年でした。「国立市公民館保育室活動40年のあゆみに学ぶ」をテーマに2005年度集中学習会が開かれました。そのさなかに、「保育室だより」を発行しないとする公民館の姿勢を私たちは目の当たりにしたのです。

2005年度保育運営委員会は、「保育室だより」の発行をめぐる数々の出来事にあらわれた公民館の姿勢に、保育室運営の根幹にかかわる問題や疑問を感じ、これまで通りの公民館と市民の関係で運営委員会活動を続けていくことはできないという結論に至りました。そこで2005年度をもって保育室運営委員会を休止する判断をいたしました。

保育室運営委員会は休止しましたが、今起きていることの問題は何か、市民として明らかにする必要性から、2005年度の保育室運営委員会メンバーで改めて事実を見つめ直しています。

そのなかで、まず、この間の「保育室だより」に関しての疑問を文書で公民館長に提出することにいたしました。ここに質問状・回答・不掲載になった「私たちの公民館保育室・30」の「あとがき」を保育室にかかわる市民の皆さんにも知っていただき、一緒に考える材料にしていただきたく思います。

2005年度　国立市公民館保育室運営委員会

NO.2

記録

2006.7.7

前号に掲載いたしましたように、私たちは、現在の国立市公民館の保育室運営の姿勢に疑問を抱き質問状を提出しました。それに対する回答では、公民館は、市民との協力関係がないと「保育室だより」の発行等ができないと公言しました。

歴史を振り返ると、市民の発言やあずけ方から見える問題や課題を、いかに学習のテーマとして浮上させてきたか、「保育室だより」は、その公民館の問題意識を表すものであり、そのことによって学習が組織されてきたことは明らかです。市民グループの文集でも記録集でもないことを、今一度確認したいと思います。

「公民館は役割を果たしているか」「学習としての託児を行っているか」その問いを見つめることが改めて必要ではないでしょうか。いつの時代でも、私たち市民が公のあり方を見極める確かな目を持つことが大事なこと、欠かせないことだと思います。そのことは公民館で学ぶ意味にも通じることです。

2005年度公民館保育室運営委員会では、公民館の出した「回答」、そして運営会議での数々の発言に、さらに疑問、不信感を深め、公民館に抗議の意思を表すことにしました。この間の運営会議で一層あらわになった問題とともに読んでいただきたく、「記録」NO.2を発行いたしました。

2005年度　国立市公民館保育室運営委員会

NO.3

記録

2006.8.8

私たちは集中学習会を発端にし、国立市公民館の保育室運営に対する認識のおかしさ、託児を学習にしようとしない数々の事実に直面しました。

運営会議で、質問や意見を述べるとともに、質問状、抗議文を公民館に提出しました。記録１、２号に掲載したとおりです。

そして、迎えた7月の運営会議では、保育者代表から「7月いっぱいで全員辞める」という報告がされました。辞める理由として、担当職員の保育室に対する姿勢・認識の問題、5月から始まった女性問題講座「子どもを育て自分を育てる42期」の問題等を挙げていました。

公民館保育室は、おとなが学ぶための条件整備として作られました。けれども、子どもをあずけることそのものを見つめ、そこから見えることから、おとな自身が学ぶ場にしなかったら、単におとなにとって便利なあずけ場所になってしまいます。そういう保育室は置くべきではないという主張を貫き、公民館も市民も子どもをあずけることを大事に見つめ続けた、公民館保育室40年の歴史です。

現在の公民館の実態から見れば、このままでは保育を続けることはできないというのは当然のことであり、むしろ遅すぎる判断だと言えるでしょう。とはいえ、年度半ばで投げ出すように「辞める」という保育者の報告を促す館長の姿は国立市公民館の実態を表わしていました。

7月の運営会議は、前代未聞の無責任な開催の仕方で、大きな疑問を残した運営会議でした。私たちは、さらに怒りと不信をもち、抗議の意を館長に届けました。4ページのとおりです。

2005年度　国立市公民館保育室運営委員会

NO.4

記録

2006.9.9

「保育室のしおり」には“子どもをあずけることを学習にしていく活動の創造が、公民館保育室の要です”とあります。

私たちは、この間、国立市公民館の変質を目の当たりにしてきましたが、それは“公民館保育室の要”が内部から崩壊するさまでした。

私たちは、公民館の変質に否応なく向き合わされ、混乱をきたしながらも、問題を見る眼を鍛え、批判する力を得てきました。公民館保育室活動40年のあゆみ、その蓄積があったからこそ、問題をうやむやにせず向き合えた、市民として大事な行動だったととらえています。

この事態の発端となったのは、公民館保育室活動40周年集中学習会でした。集中学習会の5つのレポートは、歴史から公民館保育室の意味や価値を明らかにするとともに、現に公民館で行われている保育室運営の中身を見つめようとしたレポートでした。

私たちは、公民館によってなかったかのようにされた集中学習会のレポートを、市民の手で記録化し、冊子「公民館保育室40周年集中学習会レポート」(B5版98ページ)として編集・発行することにしました。歴史の節目に立った貴重なレポートだったからです。　2、3ページにまえがき、目次を掲載しました。

冊子の編集および印刷所への手配など発行に関して、村田晶子さんに多大なるお力添えをいただきました。この場を借りて、お礼申し上げます。

7月の運営会議では、保育者の「全員辞める」という報告に館長はただ動揺している状態でした。しかし、その後、運営会議も経ずに8月の公民館運営審議会では、保育室を暫時休止するという、いきなりの館長報告がありました。公民館保育室の歴史上、かつてない大きな出来事です。これからの公民館の動きに、市民として注目し続ける必要を感じます。

2005年度　国立市公民館保育室運営委員会

NO.5

記録

2006.10.10

2006年春、子どもをあずけることを学習活動に組織しない公民館の姿が露わになり、私たち2005年度の運営委員会は、この公民館と市民の関係を見つめるために、運営委員会活動を休止する判断をしました。

その判断は、公民館保育室が学習としての託児を本質とし、ただ女がラクになるような保育室であってはならない、そのことを常に市民として見つめ続けてきたこれまでの歴史を踏まえてのことです。そのうえで、公民館の姿勢や保育室運営についての認識を問うてきたこの半年間でした。

しかし、私たちの批判や問いは、当の公民館には何一つ受け止められることもなく、改善しようとすることもなく、9月から自主グループの保育がなくなり、運営会議も9月をもって暫時休止という事態になっています。

私たちは、40年の歴史においてのかつてない事態に立ち会って見えた事実、あらためてとらえた問題、混乱の中で学んだことを40年の歴史に連ね記しておきたいと、冊子『2006年春――くにたち公民館保育室活動のけじめ』を編集・発行しました。2005年度まで、女性問題講座「子どもを育て自分を育てる」の助言者をされていた村田晶子さん、この3月まで21年間にわたり「保育室だより」の版を作ってこられた山本秀子さんに文章を寄せていただきました。

この冊子の編集・発行に関しても、村田晶子さんに多大なお力添えをいただきました。大変感謝しております。

また、歴史の様々な時期にかかわり、それぞれの位置で公民館保育室を大事にしてこられた方たちに御報告する機会をもつ予定です。

2005年度　国立市公民館保育室運営委員会

NO. 6

記録

2006. 11. 11

10月22日、11月4日、これまで公民館保育室を大事にしてきた方たちにお呼びかけして、報告会を開きました。

渦中にあって国立市公民館の数々の問題を直視したものとして、私たちが見つめた事実を伝え、2005年度運営委員会の行動は、これまでの歴史に連なる行動であり、公民館保育室がまっとうな学習活動、公民館活動をすることをこれからも求め続ける姿勢であることを伝えるためでした。

何よりうれしく私たちの励ましになったのは、呼びかけに応えて集まってくださった方たちの受け止めの確かさでした。

“2005年度運営委員会の行動は、公民館保育室草創の時の姿勢、改築時の確かめに匹敵する歴史的な行動と判断だと思う”

“市民が市民であることを貫いた潔さを感じる”

“市民主体と公民館の役割は混同される危うさがあるが、その仕分けが公のあり方として大事なこと。委員会の行動はこのことに重きをおいた行動ととらえる” 等々。

どの方からも、公民館保育室の変質を見過ごしにせずそれぞれの位置で動いていこうという言葉があったことも記しておきたいと思います。

早速、文書を公民館長に出されています。2～3ページに掲載させていただきました。

さらに、11月11日、保育室活動に関わる市民の皆さんに呼びかけて、「保育室活動40周年集中学習会レポート」を読む会を開きます。

事態の厳しさは変わることはありませんが、今、市民の新たな絆が結ばれていく躍動感を感じています。

2005年度　国立市公民館保育室運営委員会

NO. 7

記録

2006. 11. 11

2005年度集中学習会を発端に、国立市公民館の変質を目の当たりにし、私たち市民は運営会議などの場で、幾度も、館長、職員に対し意見を言い、時には厳しい批判を向けました．しかしながら、その都度感じたのは、何も受け止めず、何も変えようとせず、改善しようとはしない公民館の態度でした。その度に“これが公民館のすることか”と大きな失望感を深めてきました。

そしてこの度、さらに追い打ちをかけるように、市民に対して誠実さのかけらもない言葉を浴びせる職員、公民館長の姿に直面しました。

これまでの国立市公民館は、市民との関係を大事にし、市民が主体的な活動ができるような働きかけをし、社会教育機関である公民館としての歴史を積み重ねてきました。

国立市公民館は、今その姿が市民の目にどのように映っているかを見つめ、姿勢を正さなくてはならないでしょう。

私たちはあえて厳しく問題を指摘します。なぜなら、市民を、市民活動を重んじる公民館本来の姿勢を市民として求めるからです。公のあり方を市民として低めたくはないからです。

2005年度　国立市公民館保育室運営委員会

NO. 8

記録

2006. 12. 12

10月、11月報告会での私たちの報告を受け止めて、10人の方たちが起こした行動について記録NO.6に掲載させていただきました。そして、また一つ、大きな市民の動きがありました。

公民館保育室に子どもをあずけて学んできた多くのグループが連なって、早速、公民館長あてに文書「公民館保育室運営を本来のあり方に!」が出されたのです。現在活動しているグループもかつて活動していたグループも、この国立市公民館の変質を見過ごしにせず、これからも育児期の女性にとって大事な学びの場としてあり続けてほしい、そういう思いの下に集結した市民としての行動だと思います。こういう行動こそ、公民館保育室を拠点に育んだ学び、市民としての姿勢が如実に表れていることではないでしょうか。

そして、“保育室のつどい2007”を、報告会につどった方たちが結成した公民館保育室問題連絡会との共催で、2007年1月28日に開催することになりました。4ページによびかけを載せました。

これまでの歴史を一方的に絶ち、9月の運営会議で市民の意見を聞くと言っておきながら、未だ運営会議は開かず、これからの方向性も何ら見せないどころか、NO.7でお伝えしたような、市民に対してあまりにも非礼な公民館の姿があり、私たち市民が黙っていることは、この公民館の姿勢を認めることになります。

この事態の問題性を見つめ、市民の絆を結び直し、これからに向けての私たちの姿勢を確かめ合えるつどいにしたいと思います。

2005年度　国立市公民館保育室運営委員会

NO. 9

記録

2007. 1

2007年が明けました。

2006年は、集中学習会を発端に、託児を学習にしない公民館の姿勢が露わになり、市民としての行動をおこした一年でした。

その一年の行動をふり返ると、幾度も公民館の姿勢、態度のひどさに嘆きつつも市民としてこの事態にどう向き合うかを貫いた、その一点に尽きると思います。そして、その行動は、公民館保育室の生い立ち、改築の時、顕著に表れている問題意識に連なるものであり、歴史の継承だととらえています。2、3ページに行動の記録を載せました。

10月、11月の報告会後の市民の行動は、たんなる受益者としてではなく主権者として、育児期の女性の学習のあり方、公民館保育室の問題をとらえた行動です。その見識の確かさはもちろんのことですが、それぞれの時代に活動していた市民が、このように一つに結ばれることに、改めて公民館保育室活動が培ったものの大きさを感じています。

市民どうしをつなぎ、活動の厚みを生み出してきた保育室運営会議、「保育室だより」。その役割、意味の大きさを思うと、今、どちらもが中断させられていることの問題性、現状の危機を痛感します。

1月28日、“保育室のつどい2007”を開催します。おとなが生まれ変わったと思えるような学習、生き方の核になる学び、そのように表される私たちの公民館保育室活動の歩み、その価値をあらためて確かめ合い、これからの行動に向けていきたいと思います。

2005年度　国立市公民館保育室運営委員会

NO. 10

記録

2007. 2

1月28日、“保育室のつどい2007”を開きました。

2006年8月、国立市公民館は、一方的に自主グループの保育を休止するという衝撃的な通告をしました。40年のあゆみがこのような形で絶たれている事態を重く受け止め、“つどい”には、それぞれの時代に保育室に関わった多くの人たちが会場を埋めました。

2006年12月、36グループが連名で抗議文書を提出した行動に重ねて、「市民」としてこの問題を見つめようとする意思をもった“つどい”でした。

公民館保育室は、単に子どもをあずかって、一時女を楽にすることが目的ではなかったということ、育児期にこそ人との関係のあり方、女の抱える問題を見つめることがその後の生き方にも大きく関わるということをあらためて実感した思いです。

“つどい”は、この事態を育児期の女性の学習にとっての緊急事態として受け止め、「公民館保育室問題連絡会」として結集し、まっとうな運営を求めて声を挙げていこうとする市民的行動です。この質で多くの市民・女性が結集できたことが、公民館保育室活動が紡いできた学びの意味であり価値ではないでしょうか。

この市民の行動を国立市公民館がどのように受け止めるのか。社会教育機関としての真の力量が試されていると思います.

なお、“保育室のつどい2007”を経て「2005年度公民館保育室運営委員会」発行の「記録」はNO.10より「公民館保育室問題連絡会」発行とします。

くにたち公民館保育室問題連絡会

NO. 11

記録

2007. 3

“保育室のつどい2007”で確認した声明文・要請文は1月30日に公民館長に提出し、教育長にも報告しました。

2月6日、公民館長と会見し、新年度の保育室の運営についてどのような見通しを持っているか、昨年9月からの主催事業の保育はどのように行われたのか、これからの保育室の運営のためにも保育室運営会議を開催してほしいなど、質問や意見を重ねました。

しかし、公民館長は「新年度、予算はこれまで通り計上の予定」と言いながら、新年度の保育室運営の見通しについては何一つ話しませんでした。

また、保育室運営会議については「保育室の運営が行われていない限り、開かない」などと、公民館が一方的に運営を休止し続けていることに責任を自覚していないかのような答えでした。

公民館長の話からは、市民グループの保育を休止した2006年9月以降、公民館が何をしてきたのかまったく不明です。市民の意見を聞こうともせず、市民に対する誠実さもなく、公の施設の管理者として、この事態を受け止めて回復に向けて努力しようとする態度も微塵もない、またもや無責任な公民館長の姿が露わになりました。

実態のひどさは想像を超えるものでしたが、私たち市民がまっとうな公民館保育室の運営のあり方を求めていかなければ、「公」の質はどこまでも落ちていく、声を挙げ続けることがますます必要なのだとあらためて感じました。

くにたち公民館保育室問題連絡会

NO. 12

記録

2007. 4

公民館保育室をめぐって、職員、公民館の姿勢の変質が露わになり、疑問や抗議の声を挙げてから、1年が経ちました。

施設があり、予算が計上されていても、公民館の姿勢ひとつで、こんなにも簡単に市民の学習の権利が奪われてしまう、そんな権力的な恐ろしさを見せつけられたこの1年でした。

3月6日、4月3日の両日、私たちは公民館長に新年度の見通しについて聞きました。

新年度からの保育室運営に向けて、これまで活動していた市民の意見を聞いてほしい、運営会議を開催してほしい、私たちは繰り返しそのことを要求しましたが、館長は“公民館保育室の運営が行われていないかぎりは運営会議は開催しない”の一点張りでした。

新年度の見通しについては、担当職員がまだ決まっていない、公民館の力量が足りないので17年度までと同様の事業は出来ないなどと、保育室を閉めてから、公民館は改善に向けて一体何をしてきたのか、大きな疑問と公民館に対する不信を抱かざるを得ない返答に終始しました。公民館が自ら役割を放棄し、市民活動を潰し、質を落としていく、館長の言葉一つ一つにそのことが如実に表れていました。

国立市公民館が光を取り戻すことは難しいかもしれない。けれど、私たち市民は、これまでのあゆみの中で公民館で学んだことの価値は何か、どのような人との関係を編んできたか、それは女の生き方においてどのような意味をもつか、私たち自身のためにあらためて見つめ直し、つかむ必要がある、そんな思いを強くしました。

くにたち公民館保育室問題連絡会

NO. 13

記録

2007. 5

4月の公民館運営審議会では、2006年度公民館保育室で起きたことについて、要綱、しおりなどについて担当職員から説明がありました。

この説明の中で職員が強調したのは、公民館保育室活動は「市民主体」の活動であるということでした。

「市民主体」を口実にして、市民に責任転嫁し、公民館としての責任を放棄しているのではないか。そんな疑問が大きくなる公民館の説明でした。

これまでの歴史の中では、公民館が市民を活動の主体として尊重し迎えている、その姿勢を私たち市民は受け止め、共感し、市民として「公」の質を高めるような取り組みを大事にしてきた歩みがあります。そのことが今、公民館によって都合よく使われている、とても悲しい現実です。

市民主体の公民館活動であるために公民館が果たすべき役割は何か。改めて考えていきたいことだと痛感します。

今、国立市公民館がどの方向を向こうとしているのか、市民としてしっかりと見つめていきたいと思います。

くにたち公民館保育室問題連絡会

NO. 14

記録

2007. 6

5月の公民館運営審議委員会では、4月に引き続き「公民館保育室問題」がとりあげられました。

委員からは“この席で何を議論すればいいのか。感想を言い合ってそれでいい、そういうことなのか”という質問が出されるほど、公民館が公運審に何について審議を求めているのか不明瞭なまま、無責任に審議が委ねられようとしています.

基本的な認識も共通にせずに、委員の個人的な関心のありどころだけの発言をさせる、この公運審での話し合いが、どのように公民館に利用されるのか懸念されます.

6月5日、公民館利用者連絡会の総会が開かれ、2006年度世話人代表から「公民館利用者連絡会は存続すべきか」という問題提起がされました。

市民の批判を受けとめず、改善に向けての努力を何一つせず、無責任に公運審で審議させる。 女性問題講座を一方的に一切なくす。このような市民に対して背信的な公民館の姿勢を黙認し公利連が活動することは何をすることになるか。市民が公利連を結成している意味、これまで市民によって積み重ねられた活動の価値を重んじるとき、目をそらしてはならない問題です。

現在の国立市公民館の問題を市民として考える上で大きな問題提起でした。

くにたち公民館保育室問題連絡会

NO. 15

記録

2007. 7

公民館発行の「保育室のしおり」には、“運営にあたっては、「子どもにとって」の視点を重んじ、単におとなにとって便利な「子ども一時預かり所に堕してはならない」を戒めとしています。”とあります。

おとなの学習の条件整備であっても、「子どもにとって」の視点を外さず、むしろそのことをおとなの学習の基点にし、意味や価値を追求してきた歩みを、今、改めて貴重に思います。

この間、公民館運営審議会の傍聴を続けてきましたが、「子どもにとって」を大事にする公民館の姿勢は一度たりとも感じられませんでした。

6月の公運審で、“館長のいう理念とは何か”と委員から問われたとき、“運営する中で理念は見つけ出す”というような発言を館長はしました。傍聴者から驚きの声が挙がったのはいうまでもありません。

子どもにとってよりよい生活の場に、そして子どもたちにとってより豊かに成長する場であるように。公民館がその理念をもって運営にあたるからこそ、学習が生み出され、人とのつながりが編まれ、歴史が積み重ねられたといっても過言ではありません。館長がこの歴史・蓄積を無視しようとしていることはこの言葉からも明らかです。

“新しい時代のニーズに応えて”というような言葉がよく使われますが、その言葉にごまかされてはならないと思います。保育を専門とする場でないからこその緊張感や配慮。公の教育機関として保育を行う責任。公民館で行う保育だからこそ大事にすべきことは何かを問い続ける問題意識・見識は、いつの時代にも原点として欠かしてはならないでしょう。

7月3日、この間の公運審を傍聴してみえた問題について、要望書を館長に提出しました。

くにたち公民館保育室問題連絡会

NO. 16

記録

2007. 7

5月の公民館運営審議会で館長は、「国立市公民館処務規則の改定案」を“報告”しました。

記録No.14でも触れましたが、唐突に“報告”されたその内容は、事業の大きな柱ひとつひとつを挙げて、実施することが条文になっていたものが、たった一文「社会教育に関する事業を実施すること」とされたものでした。さらに、公民館活動の本質であり、目的といえる「サークル活動、グループ活動の育成、指導に関すること」の条文が、どういう理由か削除されていました。

5月の公運審では、委員から、事業に偏りが生じるのでは、と疑念を抱く発言がありました。その際館長は、「包括できる」と言い、“報告事項”として、意見を聞き流しました。

ところが、なぜか、6月の公運審では、“協議事項”として再度提出したのです。5月に疑義を呈した委員からは、館長の再説明を聞いても、納得はできず、意見は変わらない旨の発言がありました。そして“協議事項”にしたにもかかわらず、委員から出た意見や提案を、館長としてどう受けとめるのか述べることもなく、“協議”は打ち切られました。

この改変案は公民館の姿勢を表すとともに、公民館運営審議会に対して、公民館は誠実に審議を求めているのかという問題をも露呈しています。

7月3日、公民館保育室問題連絡会では、処務規則の改変に対して意見書を提出しました。

元公民館運営審議会委員有志の方たちも、教育委員会に向けて要望書を出されています。4ページに載せさせていただきました。

くにたち公民館保育室問題連絡会

NO. 17

記録

2007. 8

7月の公民館運営審議会で、館長は、秋からの公民館保育室について、"公民館の考え"を示しました。

それは、"運営要綱に沿って運営する""子どもの安全を第一に考える"という聞くまでもないようなことでした。しかし、一連の発言からは、これまでの歴史で大切にされてきた理念「学習としての託児」をないがしろにし、単なる条件整備として子どもをあずかろうとする、教育機関とは思えない安易で見識を欠いた公民館の姿勢が露呈していました。

2006年8月の公運審で市民グループの保育の中止を一方的に告げたまま 1年が経ちました。

このような結論を出すための1年だったのか。この間 公民館は、市民の批判をどのように受けとめ、公民館保育室のあり方をどのように考えてきたのか。中止の理由にしてきたことはどうなったのか。

そして、充分な資料も用意せず、"何を議論するのかわからない"といった声が多数挙がる中、公運審で審議させたのはなぜか。

公民館に対する疑問、不信はますます募る館長発言でした。

公運審の審議を経たことをたてに、このような姿勢・認識で再開されるのならとても「再開されてよかった」とは言えません。

この間の公民館のありようは、単に保育室運営についてのみならず「公民館」のあり方、「公」としての責任のあり方の基本に関わる深刻な問題性を示すものです。市民の位置からしっかり見極める必要を痛感します。

くにたち公民館保育室問題連絡会

NO. 18

記録

2007. 9

「くにたち公民館だより」9月5日号には“保育室を再開します”とありました。

保育室運営要綱第1条に基づくというその“再開”は、おとなのために邪魔になる子どもをあずかると言っているに等しいものでした。国立市公民館はこれまでの歴史も、蓄積も、理念も葬り去り、子ども一時預かりを始める宣言をしたのです。

おとなの都合であずけられる子どもにとって、その2時間がどうあったらいいか、子どもをあずけることそのものを見つめる学習活動を実践しなければ、“公”が子どもをあずかることは、子どもを軽視し、女の学びも女の人格も低める行為になります。

9月の公運審では、“保育室のご案内”というものが公運審委員に何の説明もなく配られました。“ご案内”には、“公民館保育室は、子どもにとってよりよい生活の場となるように運営しています”とありました。その言葉の意味、その重さを、国立市公民館は理解しているのでしょうか。

国立市公民館が生み出し、社会的、歴史的にも大きな問題提起となった公民館保育室。それが当の公民館によって無惨に崩壊させられました。その中で、市民主体ということ、公運審の審議に象徴される“市民の意見”が実に都合よくこの“再開”に利用されました。

9月9日の公民館保育室問題連絡会では、この事態を看過せず、ただちに批判を表明することにしました。(2,3ページ参照)

国立市公民館のいう“再開”は、何を意味するものか、“公”の責任、教育機関の役割の視点から、私たちは市民として厳しく問うていきたいと思います。

くにたち公民館保育室問題連絡会

NO. 19

記録

2007.10

9月9日に開かれた公民館保育室問題連絡会は、公民館保育室の問題に向き合い、行動した1年を総括し、これからの方向性を確かめる会でした。

その中で、公民館学習の価値を端的に表す発言がありました。

“色々な学習の場があるけれど、その都度のテーマで講師の話を聞き、学んだつもりになって帰ることがほとんどだった。しかしそれは、その場限りで、意識を揺さぶられることはなく、生き方につながるものではなかった。公民館保育室の学習は、それまで“学習”と思っていたこととは全く違う、子どもをあずける事実から学ぶ新鮮で希有なものだった。それは、自分自身の意識を揺さぶり、子どもを育てることにとどまらず、仕事や暮らしにおいての考える視点を得る学習だった。”

公民館保育室に子どもをあずけて学んだことが、その人にとって、長い年月を経てもなお、自分自身の生き方において揺るぎない基盤になる。それは、国立の公民館保育室活動のあゆみの中で、多くの記録に残されているように私たちの共通認識であり、価値とするところです。

難しいとか特殊なことではなく、公民館なのだから、この学びの質は前提であらねばならないと思います。

この発言は、育児期をただやり過ごす時期にするような公民館保育室の運営、女の学習を低めるような公民館保育室の運営は決してあってはならないと、私たちに響くものでした。

くにたち公民館保育室問題連絡会

NO. 20

記録

2007. 11

10月14日、学習会Ⅰ・「私たちの基軸とする公民館学習は」の第1回目として「基調レポート・公民館学習の要件」（野上美保子・手塚倫子）が行われました。

この間、公運審の審議を傍聴していて、館長の“従来通り保育を学習にすることはできない”という発言、委員からの“難しい理念ではなく、とにかく子どもを預かって母親も学べるように”という発言があり、そのことが公運審では肯定されていく流れがありました。

しかし、二人のレポートでは、子どもを預けることで学んだのは、社会人として、市民として生きるために大事な学習だった、それは、公民館学習として、当然あるべき学びだということが強調されていました。

また、“流されないために”という言葉が二人のレポートに共通してありました。いつの時代にあっても、私たち市民が、目的を見失わず、事実をつかみ、問題をとらえる眼を鍛える事は欠かしてはならないでしょう。

そして、その学習は、それぞれの体験を通し、人との関係、子どもとの関係をより豊かに確かにする方向での学びだったことが、鮮やかに語られ、公民館学習の本質を表すものでした。

公民館が、どのような問題意識、目的意識をとって学習を組織するか、それ如何で、学習の質や方向性は大きく変わってくる。「公」の学習機関としての学びの質を問うレポートでした。

NO. 21

記録

2007. 12

11月11日(日)、学習会Ⅰ・第2回“保育室のまど”で追求した「公民館学習だから」が行われ、元公民館保育室保育者の赤塚頌子さんにレポートしていただきました。

“保育室のまど”は、1979年～2003年1月まで「保育室だより」に掲載され、“学習としての託児”であるための大きな柱でした。

赤塚さんのレポートでは、4篇の“保育室のまど”を通して、“保育室のまど”で伝えるべき事は何か、公民館だからこそ親に伝えるべき子どもたちの成長の中身は何なのか、そのことを練り合った過程が鮮明に伝えられました。

社会教育機関である公民館、そこで子どもをあずかるということは単に2時間安全にあずかればいいのではなく、子どもにとって価値ある成長の場となる明確な目的を持った保育が行われるべきです。あずけるおとなにもそのことが伝えられなければなりません。その方法としての“保育室のまど”でした。

公民館の役割として、子どもたちの保育から、公民館が持つべき目的・問題意識、仲間の中で育つ成長の価値を親に伝える。“保育室のまど”はその目的意識が欠かせません。そして、公民館保育室であるために必要なことです。

2003年1月を最後に“保育室のまど”は出されなくなりました。私たちはその現実も見つめなければなりません。

くにたち公民館保育室問題連絡会

NO. 22

記録

2008. 1

昨年1年をふり返って衝撃的だったことは、2007年9月、国立市公民館は、“子ども一時預かり所”同然の保育室の“再開”をしたことです。

40年余、国立市公民館が市民と共に育み、公民館学習の大きな柱としてきた公民館保育室活動が現公民館の暴挙によって、大きくねじ曲げられ、変質させられたのです。

このことは、国立で起きたことにとどまらず、社会教育機関で子どもを預かること、育児期の女性の学習のあり方にとってもとりかえしのつかない大きな出来事です。私たちが目の当たりにした“公”の暴挙は、あってはならないことで、現公民館が行った一つ一つの事実はけっして消し去られたり、問題の本質がはぐらかされてはなりません。私たち市民の権利はこうやって奪われるのだと、事実をもって見せつけられた体験でした。

2007年1月、くにたち公民館保育室に関わり、公民館保育室活動を重んじる市民がつどって、公民館保育室問題連絡会を結成しました。

この1年は、公運審を欠かさず傍聴し、公民館に対して文書を提出するなど行動をおこしてきました。

私たちは市民として、学ぶ権利、私たちにとって必要な学習のあり方を、いつのときも求める主体的な存在です。私たち市民が声を挙げなくなってしまったら、今の状況を容認・放置することになるでしょう。

それは、公民館活動にとどまらず、この社会の流れ、政治の動向に対しても同じことが言えます。このことは、公民館保育室活動で子どもを預けることを通して学んだ大きな大事なことではないでしょうか。

2008年、新しい年が始まります。私たちが公民館保育室を軸に学んできたことの意味や価値をあらためて見つめつつ、確かな歩みを続けましょう。

NO. 23

記録

2008. 2

1月13日は、学習会I・第4回「原点としての公民館学習―実践から」として、加藤文子さんにレポートしていただき、学習会を開きました。

学習会では、加藤さんが中国帰国者問題に関わる活動の中で大事にしていること、原点としてあるものはなにか話してくださいました。

一つは、人が育つ、人を大事にするということのとらえなおしでした。何かができるようになるのが成長だと思っていたけれど、保育室の子どもたちの様子を"保育室のまど"などで伝えられ、人との関係の中で互いを大事にすることや、人との関係の中で自分がどう行動することが大事か考えられるようになることを成長の中身ととらえたのだそうです。親切心だけで関わることが、自立の妨げになる事もあり、その人にとってどういう関わり方や援助が大事なのかを考えて活動しているということでした。

また、1993年に女性問題講座「歴史」に参加して、過去の歴史は現在につながるもので、自分たちがどう次の時代に引き継ぐのか、その責任を負った自分たちである、だからこそ事実を正しくとらえ、問題を見ぬく眼を鍛えることの大事さを学んだといいます。

加藤さんの現在の活動の中でも、さぞその視点が生かされていることでしょう。一歩誤ると、単に慈善的な働きになったり、行政の肩代わりにもなってしまうような事が私たちの周りにはたくさんあります。問題の本質を見る眼をもたなければ、私たち市民は「市民」の位置を踏み外してしまうような危険な位置にも立っているのです。

子どもが幼いときに、人との関係のあり方を実践的に学び、運営会議などを通して民主的な社会のあり方を見つめたことは、大きな力になって次の活動を生み出していく・・・。公民館学習・社会教育の重要性を、加藤さんのレポートは表していました。

NO. 24

記録

2008. 5

4月、新しい年度が始まりました。

ところが、新年度を迎えた4月5日号の「くにたち公民館だより」の公民館利用案内には、保育室について記載は一切ありません。この間公運審では全く報告もされていません。

4月15日、私たちは、保育室運営について、質問状にまとめ、館長に会見し提出しました。

“運営要綱通りに運営されているか”と質問すると、館長は“運営要綱通りとまではいかないが、少なくとも第1条の主旨に沿ってやっている”と答えました。女性問題学習をなくしたことについても質問したところ、“名称が変わっても市民には伝わっている”とのことでした。開き直る館長に国立市公民館の末期的な姿が見えました。

そして、4月末日、質問状に対する回答が届きました。

運営会議を開催しない理由として「公民館と保育者と子どもさんを預ける保護者の意志疎通を充分図るため」と、まったく意味不明の回答がありました。

歴史を振り返ると、広く市民に開かれた運営会議は、「学習としての託児」には不可欠の大きな柱でした。子どもをあずけることを軸にして互いに結び合い、共に学びを深める貴重な機会でした。

その運営会議をこんな理由をつけて開催しないとは。この回答は、公民館によって廃されたものの大きさ、公民館の変質を如実に表していました。

NO. 25

記録

2008. 10

国立市公民館が、保育室運営において大きく姿勢を転換し、“再開”してから、1年が経ちます。

記録24号には、私たちの公開質問状、および回答を掲載しました。保育室運営の変質のみならず、公民館が市民に対して、誠実に学習活動を保障しようとしない姿勢は明らかでした。

私たちが見つめてきた公民館保育室問題は、まさに、公民館そのものの変質のさまだったと言えるでしょう。

そのことは何につながるか。私たちが公民館保育室問題連絡会を結成し、市民として行動をおこしてきた意味は何か。

問題を明らかにし、歴史に刻むために、冊子「公民館保育室問題──国立市公民館は何をしたか」を公民館保育室問題連絡会として編集・発行しました。

昨年5月、6月の公運審では公民館長から出された処務規則の改定案について協議されました。多くの条文を削除する改変で、私たちは公民館の事業のあり方に大きな危惧を抱き、意見書を提出しました。

その後、処務規則がどうなっているか確認すると、2008年8月現在まったく改定されていませんでした。一体何があったのでしょう。

公運審での議題にし、2ヶ月にわたり委員に意見を求めながら、その後公民館長からの報告は何もない。公民館が公運審を軽視し、利用していることが端的に表れていました。

くにたち公民館保育室問題連絡会

NO. 26

記録

2008. 12

10月12日開催の公民館保育室問題連絡会では、できてきたばかりの冊子「公民館保育室問題――国立市公民館は何をしたか」を、みんなで手にしました。

11月16日の会では その冊子をもとに話し合いました。

- 公民館は何をしたのか、私たち市民はどんな行動をしてきたのか、自分たちの言葉で確認しなおした冊子だと思った。
- 私たちが公保連として結ばれ、このつながりで活動してこられたことがどんなに大事なことだったか。これまでの学習があってこそ生み出された活動であり、つながりだと思う。
- 怒りにつき動かされながら事態に向き合ってきたことが思い返された。公のこんなありさまに怒りをもたなければ「市民」とはいえない。
- 保育室活動では記録化を学習の柱のひとつにしてきたが、今回の事態に直面していっそう切実に記録が重要だと思った。問題を風化させないために。問題の本質をより明らかにするために。

等々。

公民館保育室の事態を、市民として黙認・是認できるのか。

――と、自分に問いかけて結び合い動き出した私たち公保連であることを、冊子の編集・発行はあらためて見つめ直す機会になりました。

くにたち公民館保育室問題連絡会

NO. 27

記録

2009. 6

第26期公民館運営審議会は、その期の最後に「国立市社会教育の中核としての公民館の基本的あり方(計画)」中間答申を出しました。

その全文を初めて目にしたのは、公民館発行の「公民館運営審議会1~26期記録」でした。「中間答申」にはいくつか公民館保育室、女性問題学習に関する記述がありました。しかしそれは、どのような事実・根拠に基づいているか明確でなく、大きな疑問を抱くものでした。

そこで第26期委員長にまず質問書を出しました。

ところが前委員長からは“任期を終了しており、現在の私にはお答えする義務も権限もありません”という回答でした。

第27期にこの「中間答申」を申し送り、「本答申」として審議されるものなら、たとえ任期を終了しても、市民の声に真摯に耳を傾けるべきではないでしょうか。そして、市民同士理解を深める機会にしてもよかったのではないでしょうか。

公民館保育室問題連絡会としては、第27期公運審委員長に、確かな事実・根拠に基づいて「中間答申」を再度確認し検討してほしい旨の要望書を出しました。

くにたち公民館保育室問題連絡会

NO. 28

記録

2012. 2

くにたち公民館保育室活動は、誕生以来、母親の学習のための条件整備に止めず、子どもをあずけることそのものを学習活動とする事を重んじてきました。

ところが、2007年9月、国立市公民館は、母親の参加の条件整備のみの保育室運営へと大きく方向転換したのです。

私たちは、この事態に際し、くにたち公民館保育室活動のあゆみ、その学習のあり方を市民として記し残していく必要性を強く感じました。そこで改めて歴史を見つめ、「実践記録より　学習としての託児――くにたち公民館保育室活動」の編集に取り組みました。

多くの時間を要しましたが、歴史をたどり、事実を元に「I.くにたち公民館保育室活動のあゆみ」を作成し、1つの大きな柱としました。そして、これまでの「保育室だより」・「くにたち公民館だより」・刊行物等から選びだし、「II.公民館の姿勢」・「III.学習としての託児」を表しました。(4ページ参照)

活動に携わってきた私たちにとって大事な歴史だからという思いを越えて、社会的に位置づけ伝える内容にしたいということが編集の視点です。

また、あわせて、現存する記録・刊行物が生かされていく方法も検討したいと考えています。

1月29日開催の公民館保育室問題連絡会では、目次、内容の具体的な提案があり、確認しました。

くにたち公民館保育室問題連絡会

NO. 29

記録

2013. 6

くにたち公民館保育室問題連絡会として、この間編集にとり組んできた『学習としての託児――くにたち公民館保育室活動』が、できあがりました。

昨年の公保連例会で出された具体案をもとに、そこからさらに検討を重ね、このたび発行に至りました。

編集は、子どもをあずけて学ぶということ、女性問題学習のあり方について、公民館で学ぶことなど、私たちが市民として求める学習のあり方を、くにたち公民館保育室活動の歴史から実践の事実を見つめ抽出する作業となりました。

改めて、市民の言葉で学習のあり方を表したこと、それを支えた公民館の姿勢を価値あることと痛感します。

私たちは、会の活動として毎月公民館運営審議会の傍聴を続けてきましたが、2007年9月の"再開"以来、公民館保育室について公民館からの報告は一切ありませんでした。現国立市公民館の姿勢と受けとめるほかありません。

『学習としての託児――くにたち公民館保育室活動』発行の意味を確かめるつどいを開きたいと思います。

くにたち公民館保育室問題連絡会

NO. 30

記録

2013. 6

私たち、くにたち公民館保育室問題連絡会は、国立市公民館の保育室運営に対する姿勢に大きな疑問を抱き、今日まで7年間におよぶ市民としての活動を続けてきました。（2p参照）

そして、このたび、会として編集した『学習としての託児—くにたち公民館保育室活動』の発行をもって、活動の一つの区切りにしたいと思います。

この活動を通して私たちは、くにたち公民館保育室活動の意味や価値、また市民であるということを、より切実に、実感を持ってつかみ直してきたのではないでしょうか。

これまでの活動を踏まえ『学習としての託児—くにたち公民館保育室活動』発行の意味を確かめるため“保育室のつどい”を開きます。

しめくくりの大事なつどいにしたいと考えています.

くにたち公民館保育室問題連絡会　野上美保子・手塚倫子

保育室のつどい

2013年7月7日（日）　14時～16時

国立市公民館　講座室

くにたち公民館保育室問題連絡会

NO. 31

記録

2013. 8

「学習としての託児―くにたち公民館保育室活動」を編集発行したのは、私たちが重んじる、くにたち公民館保育室活動の価値を実践の事実をあげて主張するためです。

7月7日には、この冊子発行を機に、自分たちのこれまでの活動の目的・意味を再確認しようと“保育室のつどい”を開きました。

「学習としての託児」をめざすこと、「子ども一時預かり所」に墜ちてはならないと、公民館と市民の間で確かめられ、積み重ねられてきた公民館保育室の理念が根本から覆された怒りが口々に溢れました。

自分たちの姿勢を確かめるためにも、怒りの質を問う必要が改めて浮かび上がりました。

私たちは何に対して怒り、何のために闘ってきたか。

「自分たちが大事にしてきた保育室のあり方が損われたから」に止まるものでなく、人と人との関わりを育て、民主的であるべき公民館学習・運営が権力的な仕打ちで一方的に変質されたことに対する怒り、闘いであることを今さらながら痛感したのでした。

しかし、私たちは、このマイナスと思われる体験を、自分たちの関係の質、市民として大事にしたい学習のあり方をより一層見つめるチャンスに生かしてきたのではないでしょうか。冊子の発行をその証ととらえたいと思います。

くにたち公民館保育室問題連絡会

NO. 32

記録

2013. 11

「学習としての託児―くにたち公民館保育室活動」をお送りした方たちから、私たちの活動を受け止めた貴重なお手紙を頂載し、記録31号に掲載させていただきました。

その文面は、"時代を超えて伝え継がれていくこと""未来に受け継がれていかねばならない提言"等々、くにたち公民館保育室活動の実践の意味を重く意味づけてくださったものでした。

また、記録32号にもお二人のお手紙を紹介させていただきました。

この伝え返しを受けとめて、私たち自身もくにたち公民館保育室活動の価値を社会的に客観的にさらにとらえなおしていきたいと思いました。

そこで、それぞれに冊子を読むだけでなく、より深く意味ある読み方を求めて、村田晶子さんを講師にお願いし、学習会を開きたいと思います。

これまで発行してきた「記録」1～31号を一冊にまとめ発行しました。「学習としての託児―くにたち公民館保育室活動」と併せて大事に読んでいきたいと思います。

くにたち公民館保育室問題連絡会

NO. 33

2014. 1

記録

12月21日、村田晶子さんを講師にお迎えして、学習会“「学習としての託児―くにたち公民館保育室活動」を読む”第1回を行いました。

第1回目は、第Ⅰ章「あゆみ」についてお話をしていただきました。村田さんは、くにたち公民館保育室活動のあゆみを40年プラス10年と表現されました。

1965年「若いミセスの教室」（のちの女性問題講座「子どもを育て、自分を育てる」）が開設されたのは、60年安保闘争を経て良妻賢母教育を国家が進めていく最中にあったということでした。その時流に抗して、“子どもの人権と婦人問題を学習の主軸に”と講座が開設されたことに大きな意味があるというお話に、確かな公民館の姿勢を感じました。

私たちが“くにたち公民館保育室問題連絡会”として、2005年以降、市民の立場で公民館学習・女性問題学習のあり方を求め行動してきたことは、歴史を踏まえての必然であり、公民館学習で学んできたことの意味、市民自ら組織して活動を生み出すことの価値を、実践をもってつかむ大事な10年だったととらえなおすことができました。

未来社の編集者であった石田百合さんのお力添えがあり「学習としての託児―くにたち公民館保育室活動」を単行本として発刊することになりました。くにたち公民館保育室活動の実践の価値をより社会的に位置づけることになると思います。2～4頁に“はじめに”と目次を掲載しました。